از پراکندگی تا هماهنگی

راو دکتر میخائل لایتمن

کپی رایت ©2023 توسط میخائل لایتمن

کلیه حقوق محفوظ است
منتشر شده توسط انتشارات لایتمن کبالا
www.kabbalah.info info@kabbalah.info

ISBN 978-1-77228-121-7

هیچ بخشی از این کتاب قابل استفاده یا بازتولید نیست
به هر روشی و بدون اجازه کتبی ناشر ،
جز در مورد نقل قول های کوتاه تجسم
در مقالات مهم یا بررسی

چاپ اول: فوریه 2023

مقدمه

در این کتاب راو دکتر میخائل لایتمن در بارهٔ وضع شخصی انسان در قرن بیست و یکم و دلیل و سرچشمهٔ گرفتاری‌ها، مشکلات و مصیبت‌های دنیا اعم از سطح شخصی و کلی و راه‌حل دقیق آن سخن گفته و توضیح می‌دهد که دقیقاً چه تغییری در سیستم آگاهی ما باید بوجود آید و چرا این تغییر ضروری است. بنابراین قبل از آن که به گفته‌های ایشان رجوع کنیم شروع به بررسی وضع بشر در زمان کنونی می‌نمائیم. شناختن این وقایع کمک بسیار مهمی است برای درک راه‌حلی که در ادامهٔ این کتاب عرضه می‌شود.

در سدهٔ اخیر، علم و تکنولوژی جهش بسیار سریعی کرده و توسعه یافته‌اند و تحولات و ترقی در آن‌ها بصورت باور نکردنی، دنیا را تسخیر کرده، ولی با وجود این ما خودمان و زندگی‌مان را در بن‌بست احساس می‌کنیم و با پدیده‌های مختلف و مشکلات بسیاری که روز بروز در تمام مراحل زندگی افزوده می‌شوند درگیر هستیم. اکثر مردم از زندگی‌شان ناراضی هستند و احساس بی‌امنیتی، پوچی، ناامیدی، سرخوردگی و ناآرامی آن‌ها را زجر می‌دهد. بعضی اوقات این احساسات نامطلوب

آن‌ها را بسوی استفاده از داروهای آرامش بخش یا مواد مخدر و اعتیاد می‌کشاند به امید آن‌که شاید بتوانند به این وسیله خود را آرام کرده و کمبودهای خود را جبران نمایند.

بیماری جهانی قرن ۲۱، افسردگی و اضطراب است. طبق تحقیقات مجمع بهداشت جهانی، یک چهارم افراد در طی زندگی خود مبتلا به بیماری روحی خواهند گشت. در پنجاه سال اخیر تعداد اشخاصی که مبتلا به افسردگی و ناراحتی روحی هستند به میزان سرسام‌آوری افزایش یافته و اخبار تأسف‌انگیز جدید آن است که این بیماری اکنون بیشتر و بیشتر در بین جوانان پدیدار می‌شود. بنابر پیش‌بینی‌ها در سال ۲۰۲۰ امراض روحی و بخصوص افسردگی، دومین بیماری در ردیف بیماری‌های بشریت خواهند بود.

افسردگی یکی از عوامل مرکزی و اساسی خودکشی است. در هر سال بیشتر از یک میلیون انسان خودکشی کرده، ده تا بیست میلیون سعی می‌کنند به زندگی خود خاتمه دهند. تمایل به خودکشی بطور کلی مخصوصاً بین جوانان و کودکان افزایش یافته و در کشورهای پیشرفتهٔ غرب، خودکشی عامل دوم مرگ بین جوانان است.

بسیاری از افرادی که این موضوع را تحقیق می‌کنند، عقیده دارند که پدیدهٔ خودکشی نشان‌دهندهٔ سطح درگیری و مشقات اجتماعی است و می‌توان آن را به میزان سطح رفاه و وضع کلی اجتماع ارتباط داد.

استفاده از مواد مخدر در دهه‌های اخیر از پدیده‌ای کم اهمیت به مشکل اجتماعی و اساسی تمام جهان تبدیل گشته و هیچ طبقهٔ اجتماع از این آسیب دور و پاک نمانده است. در بین جوانان امروز استفاده از مواد مخدر رواج فراوان یافته و بعضی اوقات این پدیده نزد نوجوانان مدرسهٔ ابتدائی نیز دیده می‌شود. نتایج بررسی سازمان مبارزه با مواد مخدر

در سال ۲۰۰۵ با مقایسه با مدارک بررسی‌های قبلی نشان می‌دهند که ۴۵ درصد از جمعیت کلی آمریکا اقرار می‌کنند که در طول عمرشان حداقل یک بار از مواد مخدر استفاده کرده‌اند. در اواخر، میزان استفاده از کوکائین در اروپا به اوج تازه و نگران کننده‌ای رسیده. بیش از ۳/۵ میلیون نفر از این ماده استفاده می‌کنند و در بین آن‌ها بیشتر و بیشتر اشخاص دانشمند و صاحب حرفه‌های مهم در غرب این قاره دیده می‌شوند.

آشیانه و چهارچوب خانوادگی نیز در معرض از هم‌پاشیدگی قرار دارد: میزان طلاق، بیگانگی و خشونت در خانواده‌ها دائماً افزایش می‌یابد. حدود یک‌سوم زوج‌ها از یکدیگر جدا می‌شوند و پرونده‌های بیشماری، ضد والدینی که فرزندان‌شان را آزار داده‌اند و هم‌چنین بانوانی که از طرف شوهران‌شان لطمه خورده‌اند گشوده می‌شود.

بنابر گزارش‌های اخیر، میزان فقر و اختلافات طبقاتی بسرعت گسترش یافته و بیش از یک سوم کودکان در خانواده‌های بی‌بضاعت بزرگ می‌شوند.

نسل جوان با کمبود ارزش‌ها و ایدئولوژی روبرو است و سیستم آموزشی و فرهنگ در پایین‌ترین سطح و در درماندگی کامل قرار دارد. خشونت، زورگویی و جنایت در بین جوانان اوج گرفته، تا جائی که ۹۰ در صد دانش‌آموزان اقرار می‌کنند که از آزار و عملیات قلدری در محیط مدرسه بطور دائم رنج می‌برند.

در حقیقت این وقایع تأسف‌انگیز باعث نگرانی ما نمی‌شود زیرا به آن عادت کرده‌ایم. در گذشته این حوادث برای‌مان بسیار آزاردهنده و غیرقابل قبول بود ولی اکنون آن‌ها تبدیل به رویدادهای عادی و معمولی شده‌اند. گویا دیگر وسیله و قدرتی برای مبارزه با این رویدادها در

دست نداریم بنابراین با این پدیده‌ها مدارا می‌کنیم تا شاید قدری از میزان رنج و عذاب روحی‌مان بکاهیم. این یک نوع سیستم دفاع طبیعی است که در درون ما ایجاد می‌شود. ولی با وجود این و بدون تردید این امر می‌تواند با آنچه که اکنون بنظر می‌رسد کاملاً متفاوت باشد.

در کتاب «از پراکندگی تا هماهنگی» در بارهٔ مسائل ذکر شده و تغییر و تحول دادن طبع و خلق انسان بحث بسیاری آمده است، با تأکید به این مسئله که تغییر طبع انسانی، کار ساده و آسانی نیست. ما انسان‌ها موجوداتی خودپرست آفریده شده‌ایم؛ بنابراین امکان این که مستقیماً برعلیه صفت خودپرستی که دلیل پراکندگی و آشفتگی ماست عمل نمائیم، برای‌مان مقدور نیست، زیرا این طبع بشر است و تمام حکمت و دانائی در این نهفته: باید روشی را جستجو کرد که باعث شود که از درون همان خودخواهی بخواهیم روابط‌مان را با دیگر اعضای جامعه تغییر دهیم و مانند قسمتی از یک جسم کامل، به دیگران بپیوندیم.

این کتاب بر مبنای حکمت کهن کبالا و همگام با اکتشافات علمی مدرن و امروزی نگارش یافته است، که با کمک آن قادر خواهیم بود قدم‌های اولیه را در راه استفاده از قوانین طبیعت برداریم و هم‌چنین خودمان را قسمتی از همان سیستم کامل طبیعت و یکتائی بدانیم و طعم هم‌آهنگی و توازن را چشیده و تکامل و لذت جاودانی را احساس نمائیم.

یک علت و یک راه حل

بحران فعلی در کلیه سطح‌های زندگی ما احساس می‌شود، اعم از سطح جهانی و سطح شخصی. در واقع این بحران شامل تمام اجزاء طبیعت - جامد، گیاه، حیوان و بشر است. بنابراین برای درمان این وضع باید به ریشهٔ آن رسیده و با آن مبارزه کرد.

در این قسمت از کتاب پی می‌بریم که فقط یک دلیل عامل مشترک کلیهٔ پدیده‌های منفی در جهان است و پس از رسیدن به این نتیجه، می‌توانیم تنها راه‌حل مطلوبی را که جوابگوی آن است در مقابلش قرار دهیم.

ما همراه این کتاب شروع به شناسائی طبع جهان و بشر می‌نمائیم، زیرا با درک قوانین و جنبه‌های مختلف طبیعت می‌توانیم به ریشهٔ اشتباهات خود پی ببریم و راه‌حلی برای به پایان رساندن سختی‌ها و مشقات زندگی بیابیم و بسوی آینده درخشان پیش رویم.

خواستن - اساس طبیعت

تحقیق اجزاء و مواد مختلف طبیعت، نشان می‌دهد که تنها خواست و نیاز اساسی و اصلی هر ماده و جسم، نگاهداری از وجود خود است. لیکن این خواسته در هر ماده بصورت مخصوص و منحصر به خود ظاهر می‌شود: برخی از این مواد دارای فرم معین و ثابتی هستند و رخنه و نفوذ به محدودهٔ آن‌ها بسیار مشکل است. مواد دیگر بوسیلهٔ حرکت و تغییر، از وجود خود نگهداری می‌کنند. اکنون این سؤال پیش می‌آید: چه عاملی موجب می‌شود که هر یک از این مواد به صورت مخصوص خود رفتار کرده و متفاوت از مواد دیگر باشد؟ چه باعث می‌شود که اجسام به این طریق رفتار کنند؟

فعالیت مواد را می‌توان مانند تصویری در صفحهٔ کامپیوتر تجسم کرد. تصویر روی صفحهٔ کامپیوتر، ما را تحت‌تاثیر خود قرار می‌دهد، در حالی‌که برای متخصص کامپیوتر، این عکس ترکیبی از پیکسل‌ها (نقاط تشکیل دهندهٔ تصویر) و رنگ آن‌ها بوده و میزان و معیار قدرتی که این تصویر را بوجود می آورد، برای او مهم و جالب است. برای او یک امرعادی و طبیعی است که این تصویر

فقط نتیجه‌ای از ترکیب مخصوص بین قدرت‌هاست: رنگ، شدت رنگ و میزان روشنایی، و کاملاً واضح است که تغییر چه ترکیباتی می‌تواند تصویر روشن‌تر و واضح‌تری را به وجود بیاورد.

کاملاً به این طریق کلیه سیستم‌های هستی، مواد، اجسام و موجودات جهان از یک شخص تا همهٔ انسان‌های این کره، انعکاس و آینهٔ ترکیب نیروهایی هستند که در آن‌ها وجود دارد و آن‌ها را بوجود آورده است. راه روبرو شدن و مبارزه با مسائل مختلف، با آشنایی رفتار و حرکات ماده در درجات مختلف او آغاز می‌شود. بنابراین ما باید اندکی به این نیروی درونی که صورت‌دهندهٔ ماده است، نفوذ کنیم.

قدرتی که در درون هر ماده یا جسم وجود دارد بطور کلی «خواست یا طلب موجودیت» نامیده می‌شود. این قدرت، شکل و نقش ماده را طرح‌ریزی کرده و تعیین کننده رفتار، کیفیت و صفات هر ماده است. «خواست زیستن» صورت‌ها و ترکیبات نامحدودی داشته و در ریشهٔ تمام مواد و اجسام عالم موجود است.

هرقدر که درجهٔ ماده بالاتر باشد، خواست او به زندگی بیشتر و قوی‌تر است. این خواست در هر یک از این درجات ماده - جامد، گیاه، حیوان و انسان - مختلف بوده و تشکیل‌دهندهٔ مراحل گوناگونی است که در ماده روی می‌دهد.

میل به بقاء بر طبق دو اصل عمل می‌کند: (۱) محافظت از صورت فعلی، یعنی ادامه به زندگی، (۲) بدست آوردن آنچه احساس می‌کند که برای موجودیتش ضروری است. این احساس باعث تفاوت بین درجات مختلف ماده است.
کوچک‌ترین و کمترین احتیاج بقاء، به درجهٔ «جامد» تعلق دارد.

بخاطر نیاز اندکش، جامد برای زیستن هیچ احتیاجی به مواد خارج از خود ندارد. تنها خواست و فعالیت او محافظت از صورت فعلی و ماهیت نهادش مانند اتم، مولکول و غیره است و هرچیز دیگری را رد می‌کند.

خواست زنده بودن در درجهٔ «گیاه» بیشتر از درجهٔ جامد است و با او تفاوت اساسی دارد. گیاه تغییرپذیر است و تنها به محافظت از وجودش «اکتفا» نمی‌کند بلکه مراحل پیشرفت و نمو بخصوصی را طی می‌نماید. رابطهٔ گیاه با اطرافش رابطهٔ فعال است. گیاه به طرف اشعهٔ خورشید حرکت می‌کند و به طرف منشاء آب ریشه می‌دواند. وجود گیاه به اطرافش، به آفتاب، به باران، به سرما، به گرما، به رطوبت، به خشکی و غیره بستگی دارد. گیاه از حومهٔ خود موادی را که برای وجود و رشد خود لازم است جذب می‌کند، آن‌ها را قسمت کرده و مواد مضر را به خارج ترشح می‌کند و با استفاده از آن‌چه برایش ضروری است رشد می‌نماید. بنابراین وابستگی و احتیاج گیاه به اطرافش بسیار بیشتر از احتیاج جامد به آن است.

گیاه دورهٔ هستی مخصوص خود را دارد، به وجود می‌آید و از بین می‌رود. با وجود این، گیاهان هم‌نوع، برطبق قانون مخصوص خود همیشه در همان فصل جوانه می‌زنند و پژمرده می‌گردند، کلیهٔ گیاهان از یک نوع به یک طریق عمل می‌کنند و هیچ یک از آن‌ها یگانگی و صفت منحصر به خود ندارد.

هر قدر که میل هستی در درون ماده قوی‌تر باشد، وابستگی او به اطرافش بیشتر شده و او به محیط خود حساس‌تر می‌شود. این نوع رابطه در درجهٔ «جاندار» که احتیاج به هستی‌اش بیشتر از گیاه است، بصورت واضح دیده می‌شود. اکثر حیوانات بصورت دسته

جمعی زندگی می‌کنند. و با اســتفاده از قدرت حرکت، حیوانات، مستعد به یافتن غذا و پناهگاه شده و قدرت برای ادامهٔ حیات خود را بوسیلهٔ تغذیه از حیوانات دیگر یا گیاهان بدست می‌آورند.

در درجهٔ جاندار، پیشــرفت بخصوصی در هویت و صفات او به چشم می‌خورد که بوسیلهٔ آن حیوان احساسات شخصی خود را حس کرده و صفت و طبــع منحصر به خود را به وجود می‌آورد. حیوان اطراف خود را شخصاً حس کرده، به آن‌چه برایش مفید و مؤثر است نزدیک می‌شود و از آن‌چه برایش زیان‌آور است دوری می‌کند. دورهٔ زندگی حیوان منحصر به نوع اوســت: هر کدام در زمان خاص خود متولد شــده و می‌میرد، و نه مانند گیاهان، که فقط بر طبق فصل عمل می‌کنند.

والاترین و بزرگ‌ترین درجهٔ خواســت بقاء، درجهٔ «انســان»، یا درجهٔ متکلم است. انسان تنها موجودی است که پیشرفت او کاملاً به افراد دیگر ارتباط داشــته و زمان گذشته، حال و آینده را حس می‌کند. انســان بر اطرافش تأثیر می‌گــذارد و تحت‌تأثیر اطرافش قرار دارد. او دائماً تغییــر می‌کند و این تغییرات نه تنها بدلیل آن اســت که در وضع فعلی خود احساس راحتی یا سختی می‌کند، بلکه احســاس وجود دیگران و طمع به دارائــی آن‌ها موجب این تغییرات می‌گردد. علاوه براین ، آرزوی انسان آن است که داراتر و موفق‌تر از دیگران باشــد و کمبود و نقص آن‌ها باعث احساس رضایت و خرســندیش می‌شــود. به این دلیل خواســت انسان **"Ego"**، «خودپرستی»، «خواست لذت» یا «میل لذت بردن» نامیده می‌شود.

«بعل هسولام»[1] در این باره می‌گوید:

«خواست بدست آوردن، تنها مادهٔ آفرینش از آغاز خلقت تا پایان آن است. همهٔ موجودات بی‌شمار دنیا، موجوداتی که آشکار شده یا خواهند شد و طرز عمل و صفت آن‌ها صورت‌های مختلف این خواست بدست آوردن هستند.»

انسان نه تنها «کمی پیشرفته‌تر» از موجودات دیگر است، بلکه از نظر ماهیت و ذات با درجهٔ جاندار تفاوت کلی دارد. در لحظهٔ تولد، انسان موجود ناتوانی است ولی در طول رشدش او از کلیهٔ موجودات دیگر برتر و والاتر می‌گردد. فرق بین گوساله و گاومیش فقط اندازهٔ هیکل آن‌هاست و از نظر فکر و فهم تقریباً هیچ تفاوتی بین آن‌ها وجود ندارد. در مقابل آن، نوزاد ناتوان به تدریج و در طول سال‌ها رشد کرده و پیشرفت می‌کند.

طریق رشد حیوان نوباوه و کودک انسان بسیار متفاوت است و گوسالهٔ یک روزه را می‌توان گاو نامید، زیرا که در طی دوران رشد هیچ چیزی برماهیت گوسالهٔ یک روزه اضافه نمی‌شود. انسان، متفاوت با کلیهٔ موجودات دیگر، برای پیشرفت و ترقی محتاج به زمان است و باید یک دوران طولانی را طی کند. در حقیقت هنگامی‌که کودک متولد می‌شود تقریباً غیر از خوردن و خوابیدن خواسته‌ای ندارد، ولیکن در طول عمرش نیاز به لذت بردن از زندگی در او رشد فراوان کرده و دائماً ترقی می‌کند.
هنگامی‌که در درون ما خواست تازه‌ای ظهور می‌کند، احتیاجات

۱-ربای یهودا اشلگ (۱۹۵٤-۱۹۸۵) کبالیست بزرگ، ملقب به «بعل هسولام»، و نویسنده «هسولام» (نردبان) تفسیر و تشریح کتاب «زوهر»، ادامه دهنده طریق «اَری مقدس» است. روش بعل هسولام به این دلیل فوق‌العاده است که به هر انسان در زمان کنونی امکان می‌دهد که به منبع دانش و حکمت معتبری، که کبالیست‌های قدیم برجا گذاشته اند بپیوندد. در نوشته‌های او دستوری برای بنیاد جامعهٔ تازه‌ای ارائه شده، که به هرانسان شخصاً و افراد بشر کلاً، فرصت زندگی کامل و سرشار از امنیت و آسایش را می‌دهد.

جدیدی در ما به‌وجود می‌آیند. ما با احساس این احتیاجات اجباراً برای برآوردن آن‌ها شروع به جستجوی طریقی برای ارضای این خواسته‌ها می‌کنیم و به این صورت عقل و فکر ما رشد و ترقی می‌کند. بنابراین پیشرفت و توسعهٔ عقل و فکر انسان نتیجهٔ افزایش امیال و خواسته‌های او است.

برای توضیح روشن‌تر این موضوع، می‌توانیم طریق تعلیم و تربیت فرزندان‌مان را مثل بزنیم. برای پیشرفت آن‌ها، ما بازی‌هایی را که جنبهٔ رقابتی دارند ایجاد می‌کنیم. خواست موفق شدن در بازی، آن‌ها را به‌یافتن راه مبارزه با این مسائل تحریک کرده و به این صورت باعث پیشرفت‌شان می‌گردد. برای ادامهٔ ترقی و در جا نزدن در یک نقطه، هر بار درجهٔ سختی را بیشتر می‌کنیم و آن‌ها را مقابل مشکلات دیگری قرار می‌دهیم. اگر انسان احساس کمبود نکند، هرگز پیشرفت نخواهد کرد. واقعاً وقتی خواهان ترقی و پیشرفت هستیم عقل ومنطق خود را به کار انداخته و می‌اندیشیم که چگونه به امیال خود برسیم.

این یک واقعیت است که نهاد انسان، شامل عقل و احساس است که باعث می‌شود که خواست او به لذت بردن افزایش یابد. عقل و احساس مکمل یکدیگرند و امکان بیشتری برای درک و حس آن‌چه به انسان لذت می‌بخشد، می‌دهند، بنابراین نیروی ارادهٔ انسان محدود به زمان و مکان نیست.

برای مثال، انسان قادر نیست که وقایعی را که هزاران سال پیش اتفاق افتاده حس کند، اما او با استفاده از قدرت تفکر خود می‌تواند این اتفاقات را در مغز خود تکمیل کرده و آن‌ها را کاملاً درک نماید. یا برعکس، انسان چیزی را حس می‌کند، و برای درک اثر این حس بروی خود، اعم از مثبت یا منفی، او عقل خود

را به احساسش می‌پیوندند و به این صورت موضوع را بررسی می‌کند.

عقل و احساس انسان هر دو با هم، قوهٔ درک ما را گسترش داده و ما را ازمحدودیت زمان و مکان خارج می‌کنند. و به این صورت فردی که در نقطهٔ بخصوصی در دنیا زندگی می‌کند ممکن است که مایل شود تا به افراد دیگری در جهان شباهت پیدا کند. و هم‌چنان، کسی که در زمان ما زندگی می‌کند غیر از تمایل به شباهت یافتن به افراد هم‌زمان خود، آرزو دارد که با افراد مشهور و موفقی که در طول تاریخ زندگی کرده‌اند هم‌پایه گردد.

با برآورده شدن خواسته‌های ما احساس لذت و خرسندی، وجودمان را پرمی‌کند و شکست از بدست آوردن امیال باعث احساس پوچی، ناامیدی و رنج می‌گردد. بنابراین سعادت انسان به برآورده کردن آن‌چه خواسته‌های گوناگون و متغیر او را پر می‌کند بستگی دارد. هر حرکت و فعالیت انسان، از کوچک‌ترین و ساده‌ترین تا بزرگ‌ترین و بغرنج‌ترین آن، تنها برای افزایش احساس لذت یا حداقل برای کاهش احساس سختی و رنج او انجام می‌گیرد. درواقع می‌توان گفت که آن‌ها دو طرف یک سکه هستند - نزدیکی به لذت و دوری از رنج. بعل هسولام در مقالهٔ «صلح» این موضوع را به این صورت توضیح می‌دهد:

«این موضوع برای پژوهشگران طبیعت کاملاً واضح است که انسان، بدون قدرت حرکت هرگز قادر به برداشتن کوچک‌ترین قدمی نخواهد بود و آن‌چه به انسان قدرت حرکت را می‌دهد نفع و راحتی وجودش است. برای مثال، هنگامی انسان دستش را از روی صندلی به طرف میز جابجا خواهد کرد که تصور کند که با نهادن دستش بر

روی میز، احساس راحتی و لذت بیشتری خواهد کرد و اگر این چنین تصور نکند، حاضر است در تمام طول عمر دستش را بدون هیچ حرکتی بروی صندلی قرار دهد، و تلاش بیشتری نکند».

در مقایسه بین انسان و سایر موجودات طبیعت، یگانگی و یکتایی انسان تنها بدلیل ماهیت و قدرت خواسته‌هایش نیست بلکه تغییرات و افزایش دائمی خواسته‌های او در طول زندگی، از نظر شخصی، و در طول دوران جهان، باعث وجود این یگانگی می‌شود. با مطالعه و تحقیق دربارهٔ تاریخچهٔ تحول موجودات دیگر، مثلاً میمون، به این نتیجه می‌رسیم که میمون هزاران سال پیش با میمونِ زمان فعلی تقریباً هیچ تغییر مهمی نکرده و هر دو به یکدیگر شباهت دارند. با وجود آنکه در میمون هم مانند هر جزء دیگر در طبیعت تحولاتی روی داده شده، لیکن این تغییرات بیولوژیک و زیستی است، مانند تحولاتی که در زمین و مینرال‌ها (مواد معدنی) و غیره روی داده می‌شود. در مقابل آن، انسان در طول تاریخ تغییرات و تحولات اساسی کرده است.

گسترش و پیشرفت
میل به دریافت بشری (انسانی)

نیاز دائمی انسان برای بدست آوردن و پیشرفت بیشتر باعث توسعه، اکتشاف و اختراع وسایل جدید می‌گردد.

خواست بیشتر و احتیاجات فراوان، نتیجهٔ گسترش و توسعهٔ عقل و استطاعت فهم و درک انسان است. رشد دائمی میل به لذت، در طول سال‌های هستی موجب تحولات در جامعهٔ بشریت بوده و ما را به پیش‌روی هدایت کرده است.

نخستین میل به لذت یا ارضای میل، بصورت خواسته‌های جسمی مانند میل به تغذیه و تولید نسل ظاهر گردیده. این خواسته‌های اساسی از اولین دورهٔ زیست بشریت تاکنون برقرار هستند.

انسان موجودی اجتماعی است و این کیفیت باعث گسترش و تحول خواسته‌های دیگر می‌گردد که به نام «خواسته‌های اجتماعی» یا

«خواسته‌های بشری» خوانده می‌شوند. نیاز لذت از ثروت، و پس از آن احترام، تسلط و شهرت، چهرهٔ بشریت را تغییر داده و باعث ایجاد مقام و طبقه‌بندی مراتب مختلف اجتماعی و اقتصادی گشته است.

سپس میل به دانش و بصیرت ظاهر شد و باعث تحولات و پیشرفت در زمینهٔ فرهنگ و سیستم آموزشی گردیده، که اثر اصلی آن، که از دورهٔ رنسانس و انقلاب علمی آغاز شده و تاکنون ادامه دارد، کاملاً به‌چشم می‌خورد. گسترش جنبش‌های دانش و بازگشت آن‌ها به سازمان‌های غیرمذهبی بیان‌کنندهٔ نیاز انسان به آموزش علم و دانش است. خواست کسب علم ما را وادار به آشنائی با واقعیتی که هستی و وجود ما را احاطه کرده است می‌نماید. بنابراین ما دائماً محتاج به آگاهی بیشتر برای آموزش، پژوهش و تسلط کامل بر همهٔ موارد هستیم.

با بررسی و تحقیق در بارهٔ پیشرفت و تحول بشر از نظر فرهنگ، آموزش و پرورش، علم و تکنولوژی، و درک این موضوع که «خواست انسان»، رهبر و پیشتاز کلیهٔ این مراحل است، به این نتیجه می‌رسیم که پیشرفت میل و خواست بشر، ایجاد کنندهٔ کلیهٔ اندیشه‌ها، برنامه‌ها، عقیده‌های جدید و اکتشافات است. در واقع آن‌ها «وسایل فنی» و «خدمتکاران» انسان هستند و تنها دلیل ترقی‌شان ارضای احتیاجاتی است که خواست انسان بوجود می‌آورد. مراحل تحول خواست انسان نه تنها فقط در افراد بشر در طول تاریخ رخ می‌دهد، بلکه همچنین در طول زندگی شخصی هر یک از ما روی می‌دهد. این خواسته‌ها یکی پس از دیگری در درون ما بیدار می‌شوند و با آمیزش و ترکیب گوناگون با یکدیگر مسیر زندگی ما را هدایت می‌کنند

بنابراین، قدرت درونی که ما را وادار به پیش‌روی می‌نماید و باعث ایجاد این تحولات شخصی و بشری می‌گردد «میل به لذت» است. گسترش خواست انسان دائمی است و بانی طرح‌ریزی زمان حال و آینده‌ای است که به سویش قدم برمی‌داریم.

مرزهای لذت

«در جهان دو فاجعه وجود دارد،
اولی بدست نیاوردن خواسته‌های ما
و دیگری بدست آوردن آن‌هاست.
و دومی مصیبت واقعی است.»
اُسکار وایلد

اگر لذت‌های گوناگونی را که ما با کسب دانش، تسلط، احترام یا ثروت و همچنین لذت از غذا و روابط جنسی احساس می‌کنیم تحقیق نمائیم، به‌نظر می‌رسد که در واقع حداکثر لذت هنگام برخورد اولیه و کوتاه، بین خواست انسان و آن‌چه این خواست را قانع می‌کند، احساس می‌شود. در لحظه‌ای که خواسته‌ها کاملاً برآورده شوند، احساس لذت به‌تدریج کاسته می‌شود. این لذت ممکن است چندین دقیقه، یا چندین ساعت یا چندین روز ادامه داشته باشد، لیکن عاقبت محو می‌شود. انسان سال‌های سال برای بدست آوردن چیزی، مثلاً شغل آبرومند یا مدرک علمی معتبر، زحمت و رنج

می‌کشــد، اما بعد از بدست آوردن آن، احساس لذت پس از مدت کوتاهی ناپدید می‌گردد. بنابراین همان لذتی که خواست انسان را قانع می‌کند همچنان باعث باطل شدن آن می‌گردد.

علاوه بر آن، نفوذ لذت در خواست انسان و سپس ناپدید شدن آن، میل جدیدی دردرون ما بوجود می‌آورد که در حقیقت چندین برابر شــدیدتر و قوی‌تراز میل قبلی است. آن‌چه که امروز ما را راضی می‌کند فردا دیگر کافی نخواهد بود. ما بیشتر و بیشتر می‌خواهیم. بنابرایــن قانع کردن خواســته‌های ما عاقبت باعــث افزایش آن می‌شــود وما را وادار به تلاش و کوشــش بیشتری برای ارضای آن‌ها می‌کند.

هنگامی‌که انسان میل بدســت آوردن را از دست می‌دهد تدریجاً احساس وشور و اشتیاقش به زندگی محو می‌شود. بنابراین جامعهٔ بشری دائماً به یکایک افراد خواسته‌های تازه‌ای پیشنهاد می‌کند که برای زمان کوتاهی به او احساس وجود و حیات می‌دهند. لیکن هر بار ما برای لحظهٔ کوتاهی راضی و قانع می‌شویم و بلافاصله پوچی جایگزین آن گردیده و احســاس ناکامی و ناامیدی شدیدتر می‌گردد.

امروز جامعه، ما را وادار به خریداری لوازم گوناگون می‌کند و به ما امکان خرید تقریباً هر چیزی را می‌دهد، حتی بدون آن‌که برای خریداری آن درآمد کافی داشته باشیم. فشار بازاریابان، احتیاج به ایستادگی در مقابل معیار و استاندارد جامعه و امکانات آسان برای دریافت وام، باعث می‌شود که بیشتر از توانایی حقیقی مالی خود خرج کنیم. پس از مدت کوتاهی آن شــور و هیجان اکتساب محو می‌شود، گویا هرگز وجود نداشته، لیکن پرداخت وام در طول ســال‌ها همراه با ما خواهد بود. در چنین مواقع احساس یأس و

پشیمانی از خریداری نه تنها با گذشت زمان فراموش نمی‌شود بلکه دائماً انباشته می‌گردد.

حتی ثروت هم باعث احساس سعادت نمی‌شود. در تحقیق جدیدی که با ریاست پروفسور دانیل کهنمان، دریافت کنندهٔ جایزهٔ نوبل در سطح اقتصاد به انجام رسید، دانشمندان ثابت کرده‌اند که بین نظر انسان معمولی دربارهٔ اثر ثروت بر روحیهٔ او و بین اثر واقعی آن، بالفعل اختلاف بزرگی وجود دارد.

این تحقیق، وضع روحی روزمرهٔ مردم را نمونه‌گیری کرده و در آن هیچ اختلاف بخصوصی بین ثروتمندان و فقرا دیده نشده است. علاوه براین ثابت شد که احساسات منفی مانند عصبانیت و خصومت، بین افراد ثروتمند بمراتب بیشتر دیده می‌شوند. یکی از دلایلی که عدم هماهنگی و توازن بین ثروت و خرسندی روزمره را ثابت می‌کند، این است که ما فوراً، به راحتی و آسودگی و سطح زندگی جدید عادت می‌کنیم و بلافاصله آرزومند به دریافت بیشتر می‌شویم.

ما می‌توانیم محدودیت میل به لذت را در کلمات بعل هسولام بیابیم:

«این عالم، دنیای مادی ما، با فقدان، و خالی از هرگونه فراوانی نیک آفریده شده و برای اکتساب دارائی، نیاز به جنبشِ و حرکت داریم. واضح است که جنبش بسیار، باعث رنج و زجر انسان می‌گردد. لیکن تهی ماندن نیز غیرممکن است، بنابراین برای کسب دارائی، ما عذاب جنبش فراوان را انتخاب می‌کنیم. در واقع به دلیل آن‌که انسان دارایی و ثروت را فقط برای خود خواسته و

کسی که یک سهم دارد سهم دو برابر می‌خواهد، کسی که صد قسمت دارد آرزوی کسب دویست قسمت دارد، درعاقبت جهان را وداع می‌گوید درحالی که فقط نیمه‌ای از خواسته‌هایش را بدست آورده. بنابراین انسان از دو سو زجر می‌کشد، هم اندوه و تأسف از جنبش و کوشش فراوان، و هم اندوه از کمبود دارائی و احتیاج به پر نمودن نیمه‌ای که همیشه خالی احساس می‌شود».

از آنچه تاکنون گفته شده به این نتیجه می‌رسیم که طبع ما - میل به لذت، ما را در موقعیت غیرممکنی قرار می‌دهد. از یک سو خواسته‌های ما دائماً بیشتر می‌شوند و از سوی دیگر ارضای لذت، که بدست آوردنش ملزم به کوشش و جنبش فراوان است، تنها برای مدت بسیار کوتاهی احساس می‌شود و بلافاصله محو گشته و پوچی درونی‌مان دو برابر می‌شود.

به مرور زمان، بشریت، روش‌های گوناگونی برای مبارزه با مشکل ناتوانی خود از قانع نمودن و ارضای میل به لذت بوجود آورده. در بیشتر موارد این روش‌ها مبنا بر دو اصول هستند، که درواقع «فریب دادن» میل به لذت است: ۱) فرا گرفتن عادات لذت‌انگیز، ۲) کاستن میل به لذت بردن.

اصل اول متکی به فرا گرفتن عادات، بوسیله شرط و شروط است. در نخستین مرحله به انسان می‌آموزند که انجام رفتار بخصوصی برایش مفید و پرثمر خواهد بود. پس از اجرای آن عمل، او به تحسین و قدردانی از طرف مربیان و اطرافیانش نایل می‌گردد. در مرحلهٔ بعدی به تدریج دادن پاداش قطع می‌گردد، لیکن در ذهن او این موضوع که انجام این رفتار همیشه باعث رضایت‌مندی‌اش خواهد شد، ثبت می‌شود. پس از آنکه به این رفتار عادت کرد، فقط

انجام آن عمل باعث خرسندی و احساس رضایتش می‌شود. او برای موفق شدن، سعی فراوان کرده و اجرای آن عمل به بهترین وجه، به او احساس شادی و کامروائی می‌دهد. این اصل معمولاً با قول دادن به دریافت جایزه یا پاداش در آینده، و گاهی از اوقات حتی بعد از مرگ و آخرت همراه است.

اصل دوم متکی به کاستن میل به لذت بردن است. وضع کسی که مایل به چیزی است و آن‌را به دست نیاورده، بسیار غم‌انگیزتر از وضع کسی است که اصلاً هیچ خواسته‌ای ندارد. اولی رنج می‌برد در حالی‌که دومی با اندکی که دارد، مدارا کرده و احساس رضایت می‌کند. در واقع روش‌های خاوردور، از این اصل ،حداکثر استفاده را می‌کنند. آن‌ها روش‌های فراوان و گوناگونی را بوجود آورده‌اند که با تمرین‌های جسمی و روحی شدت میل به لذت را کاهش داده و در نتیجه، شدت رنج نیز کاسته می‌گردد.

بنظر می‌رسد که تاکنون از این متد استفاده کافی کرده‌ایم، لیکن با گسترش طبیعی میل به لذت و خودخواهی، این راه‌حل‌ها هم دیگر به مرور زمان نامناسب و بی‌نتیجه می‌شوند. رشد دائمی خودخواهی و خودپرستی انسان، به او امکان اطاعت از این راه‌حل‌های مصنوعی را نمی‌دهد و خواسته‌هایش را ارضاء نمی‌کند. این موضوع در کلیهٔ سطح‌های زندگی بشریت، اعم از سطح شخصی و کلی، به چشم می‌خورد.

واضح‌ترین مثال برای اثبات گسترش صفت خودخواهی در سطح فردی، ویرانی و از هم‌پاشیدگی کانون خانوادگی است. در واقع اولین صدمهٔ صفت خودخواهی، در رابطهٔ افراد خانواده بطور کلی و بخصوص بین زوج‌ها که در واقع باید نزدیک‌ترین کس به انسان باشند، به چشم می خورد. رشد دائمی صفت خودخواهی، از

وابستگی ما به همدیگر و افراد خانواده کاسته و زندگی را بسیار سخت و دشوار می‌کند.

درگذشته بنیاد خانوادگی محفوظ از آشفتگی و اغتشاش و نمونه‌ای از استحکام و پایداری بود. اگر دشواری در جهان بود با آن نبرد می‌کردیم. اگر از همسایه‌های خود آزار می‌دیدیم، نقل مکان می‌کردیم. لیکن خانواده همیشه آشیانه‌ای امن ومطمئن بود. حتی در مواقعی که انسان فکر جدائی از خانواده را در سرداشت، بخاطر فرزندان یا والدین سالمندش که احتیاج به مواظبت داشتند، به نگهداری از خانواده ادامه می‌داد. لیکن اکنون خودخواهی بقدری سرکشیده که دیگر به هیچ چیزی اهمیت نمی‌دهیم. حتی با وجود اطلاع از این موضوع که طلاق و جدایی بین زوج‌ها باعث سرگردانی و دلشکستگی فرزندان می‌گردد، میزان طلاق روز به روز زیاد و زیادتر می‌شود.

همچنان در سطح جهانی، گسترش نیروی خودخواهی و اثر بی‌نهایت آن، ما را در موقعیت مخصوصی قرار داده که مانند آن هرگز در طول تاریخ بشریت وجود نداشته. از یکسو این ارتباط جهانی به ما معلوم می‌کند تا چه اندازه از نظر اقتصادی، فرهنگی، علمی، آموزش وپرورش به یکدیگر بستگی داریم، و از سوی دیگر این طبع خودخواهی بقدری رشد کرده که به هیچ وجه قادر به تحمل یکدیگر نیستیم.

در حقیقت ما همواره قسمتی از یک پیکر بوده‌ایم، لیکن تاکنون از آن بی‌اطلاع بودیم. طبیعت این موضوع را بوسیله انفعال همزمان ومتقابل دو نیروی مخالف برای ما آشکار می‌کند: نیرویی که همگی ما را مانند یک پیکر بهم متصل می‌کند، و نیروی دیگر، که ما را از یکدیگر جدا کرده و هر یک از ما را به گوشه‌ای پرتاب می‌کند. و

به این وجه اکنون که فعالیت این دو نیرو روز به روز بیشتر بچشم خورده و هر لحظه توسعه می‌یابد، ما قدرت وابستگی به یکدیگر را درک می‌کنیم، لیکن در عین حال صفت خودخواهی باعث تنفر از آن می‌شــود. اگر ما موفق به پایان دادن به این احساسات منفی: عدم صبر و تحمل، بیزاری، بیگانگی، دشــمنی، عدوات و نفرت از دیگران نشویم، در عاقبت یک‌دیگر را نابود خواهیم کرد.

بعل هسولام از قبل این خطر را هشدار داده. در دست نوشته‌های او در سال‌های آخر حیاتش، که در کتاب «نسل آخر» (آخرین نسل دور از روحانیت) چاپ شده او توضیح می‌دهد که اگر تغییر عمیق و اساســی در راه خودخواهانه‌ای که بشــر بر آن گام برمی‌دارد پیش نیاید، درگیر جنگ جهانی سوم و حتی چهارم خواهیم شد، که در طی آن سلاح اتمی و هیدروژنی به کار برده شده و اکثر افراد جهان نابود و منهدم خواهند گردید. آلبرت اینشــتین نیز به همین گونه سخن گفته: «من نمی‌دانم چه سلاحی در مرحلهٔ جنگ جهانی سوم به کار برده خواهد شد، ولی می‌دانم در جنگ جهانی چهارم از چه استفاده خواهند کرد- از سنگ». متأسفانه روز به روز این گفته‌ها صورت واقعی به خود می‌گیرند.

در طول تاریخ، بشــریت مطمئن بود که دوران بسیار بهتری را در پیش خواهد داشت، و گسترش علم، تکنولوژی، فرهنگ و آموزش باعث زندگی سرشار از سعادت و راحتی خواهد گردید. موقعیتی که این عقیده را بخوبی اثبات می‌کند «ســفینهٔ فضائی کره زمین» در مرکز اپکوت، یکی از پارک‌های تفریحی دیسنی وُرلد است، که در سال‌های هشتاد قرن گذشته پایه‌گذاری شده است.

در حین عبــور از این منطقه، بازدیدکننده‌هــا خلاصهٔ نقاط مهم تاریخ و تحولات بشریت را بررسی می‌کنند. این سفر با نقاشی‌های

غارنشین‌ها آغاز شده، سپس از مراحل مهم و تحولات بشریت، مانند آغاز استفاده از کاغذ و غیره عبور کرده، و درعاقبت با تسخیر فضا پایان می‌یابد. این مکان جالب بر طبق افکار و نظریات آن دهه طرح‌ریزی شده و همچون نغمه‌ای برای تحسین و تمجید از انسان کامیاب و پیروزمند است. گویا بشریت دائماً به سوی سعادت پیش می‌رود، سعادتی که «فردا خواهد رسید! اگر نصیب ما و فرزندان‌مان نشود، حتماً نواده‌های‌مان به آن خواهند رسید!».

اکنون پس از طی چندین سال، بنظر می‌رسد که همه چیز به پایان رسیده. ما دارای هر آن‌چه که صد سال پیش انسان فقط در رویاهای خود می‌توانست تجسم کند هستیم، امکانات بی‌شماری برای گردش، تفریح، استراحت، ورزش و سرگرمی‌های دیگر بدست آورده‌ایم، لیکن دیگر باور نداریم که فردا بهتر خواهد شد. احساس تاریکی جایگزین آن تصویر پر از امید گردیده؛ ما در مرحلهٔ قاطعی قرار داریم که درآن شروع به درک این موضوع می‌کنیم که آیندهٔ درخشان و پرسعادتی منتظر ما نیست. بنظر می‌رسد که فرزندان‌مان زندگی بهتر از ما نخواهند داشت.

احساس بحران و دگرگونی در کلیهٔ شاخه‌های زندگی، گرفته از سطح شخصی و رسیده به سطح کلی جامعه، نتیجهٔ درک این موضوع است که هرچه را که تا کنون ایجاد کرده‌ایم باعث سعادتمندی و خرسندی ما نگردیده است؛ از اینجا حس پوچی و بی‌معنائی زندگی سرچشمه گرفته، و بنابراین افسردگی، فشار روحی و اعتیاد به مواد مخدر، امراض عهد مدرن بوده و بیان‌کننده ناتوانی ما به درک و یافتن طریقی برای اقناع میل به لذت هستند. صفت خودخواهی ما بقدری گسترش یافته که دیگر با آن‌چه که می‌شناسیم راضی نمی‌شود.

پدیدهٔ جدیدی که بخوبی احساس ناامیدی از آینده را ثابت می‌کند، طرز برخورد و نسبت بسیاری از نوجوانان به زندگی است که کاملاً با روش والدین خود در جوانی‌شان در همان سن، متفاوت است. امروز بروی جوانان دنیای فراخی گشوده شده و فرصت‌های بی‌شماری برای موفقیت و رسیدن به هدف‌های‌شان وجود دارد، لیکن هر بار بیشتر و بیشتر، جوانان دلبستگی و اهمیت به آن را از دست داده و تمایلی به استفاده از استعداد نهانی خود ندارند. گویا که از قبل برای آن‌ها واضح است که عاقبت کلیهٔ تلاش‌های آن‌ها بی‌ثمر خواهد بود و با مشاهدهٔ افراد مسن در اطراف خود، که با وجود تقلا و کوشش فراوان هنوز موفق به احساس سعادت نشده‌اند، اشتیاق به فعالیت را از دست می‌دهند.

درک این رفتار برای والدین بسیار مشکل و حتی غیرممکن است، زیرا که آن‌ها درجوانی خود کاملاً با فرزندان‌شان متفاوت بودند. این موضوع از آن‌جا سرچشمه می‌گیرد که هر نسل در درون خود حامل تجربیات و ناکامی‌های نسل‌های قبل است.

از این به بعد راه‌حل‌هایی که می‌شناسیم دیگر کمکی به بهبودی وضع ما نخواهند کرد. فقط با آشنائی با اساس طبیعت که برطبق آن کلیهٔ جانداران و بطور کلی تمام هستی برقرار و پابرجا هستند، می‌توانیم اشتباهات خود را درک کرده و کامل‌ترین روش را برای قانع نمودن میل به دریافت کردن را بیابیم، و به این وسیله صاحب زندگی پرمعنی و سرشار از امنیت و آرامش دائمی بشویم.

نوعدوستی - قانون اصلی زندگی

پژوهش‌های طبیعت، ما را با پدیده‌های نوعدوستی (altruism) آشنا می‌کنند. کلمه «الترو-ایزم» از کلمه زبان لاتین «التِر» - «نوع دیگر»، ریشه گرفته. در قرن نوزدهم فیلسوف فرانسوی، اُگوست کُنت، نوعدوستی و بشردوستی را مقابل و برعکس خودخواهی (egoism) معرفی کرد._معنای عمومی‌تر و عوامانه این کلمه «نیکی کردن به دیگران»، «دوستداری دیگران»، «ازخودگذشتگی» است.

در واقع، نوعدوستی همچون خودخواهی، واژه‌ها و اصطلاحاتی هستند که مناسب هیچ مخلوقی غیر از انسان نیست، زیرا مفهوم‌هایی مانند «قصد»، «غرض»، «آزادی اراده» فقط به نوع بشر تعلق دارند. موجودات دیگر امکان انتخاب را ندارند، و اعمالی مانند گرفتن و دادن، جذب و دفع کردن و هم‌چنین شکار یا جانبازی کاملاً در ژن و غریزه وجود (instinct) آن‌ها ریشه دارد. با وجود این، برای درک آسان‌تر قوانین هستی که اداره کنندهٔ

زندگی در طبیعت هستند، ما از این اصطلاحات بهره جسته و از آن‌ها برای استنباط نتیجه، استفاده می‌کنیم.

در نظر اول به نظر می‌رسد که طبیعت صحنه خودخواهی و خودپرستی است، که در آن افراد با یکدیگر مقابله و جدال می‌کنند و آن‌که قوی‌تر است باقی می‌ماند. و در این نقطه پژوهشگران فرضیه‌های مختلفی ایجاد کرده‌اند که مقصود رفتار مستقیم یا غیرمستقیم «نوع‌دوستی» هر یک از اجزاء را توضیح می‌دهند. بررسی عمیق و کلی آشکار می‌کند که تمام جنگ و ستیزه‌ها و برخوردها با یکدیگر تنها برای افزایش توازن و تعادل طبیعت و حمایت متقابل بوده و آن‌ها باعث بهبودی و پیشرفت بیشتر در سراسر طبیعت می‌شوند.

نمونهٔ دیگر تعادل و توازن طبیعت را می‌توان در آغاز سال‌های ۱۹۹۰ یافت، هنگامی‌که دولت کره شمالی تصمیم گرفت که گربه‌های خیابان‌ها را که باعث آزار بودند از بین ببرد. چندین هفته پس از انهدام تعداد بیشماری از گربه‌ها، شمارش موش‌ها، و موش‌های صحرایی و مارها بقدری شروع به افزایش کرد که دولت مجبور به وارد کردن گربه از کشورهای مجاور گردید، تا این ناهماهنگی و عدم تعادل را اصلاح کند.

گرگ‌ها نمونهٔ دیگری برای اثبات این موضوع هستند. ما معمولاً گرگ را به‌صورت حیوانی زیان‌آور، خطرناک و بی‌رحم می‌شناسیم، لیکن هنگامی‌که جمعیت آن‌ها شروع به تقلیل کرد، معلوم شد که آن‌ها کمک فراوانی به توازن تعداد آهوهای کوهی، خوک‌های وحشی و سایر جانداران می‌کنند. کاملاً مخالف با انسان، که همیشه ترجیح می‌دهد که سالم‌ترین حیوانات را صید کند، گرگ‌ها حیوانات ضعیف و بیمار را شکار می‌کنند و به این

صورت این درندگان کمک بسیاری به بهبودی سایر حیوانات در ناحیه می‌کنند.

به همین ترتیب، هر قدر که این تحقیق علمی پیشرفت می‌کند، نشان می‌دهد که تا چه اندازه کلیهٔ اجزای طبیعت مانند اجزای یک دستگاه یا یک پیکر به یکدیگر بستگی دارند.

هنگامی‌که ما از سوی احساسات خود جهان را می‌نگریم، اغلب اوقات بنظرمان می‌رسد که طبیعت ستمکار و بی‌رحم است، لیکن دریدن موجودات عملی است که ضامن ادامهٔ توازن و بهبودی کلی طبیعت است. مانند آنکه در بدن ما نیز در هر لحظه میلیون‌ها سلول می‌میرند و بجای آن‌ها سلول‌های تازه بوجود می‌آیند و درواقع ادامهٔ حیات ما کاملاً به آن بستگی دارد.

توازن و هم‌آهنگی بین سلول‌ها درجسم موجود زنده

در درون هر بدن چند سلولی، پدیدهٔ جالبی به چشم می‌خورد: اگر ما یک سلول جدا از سلول‌های دیگر را بررسی کنیم به نظر می‌رسد که عمل او خودخواهانه است و تنها به وجود خود «فکر» می‌کند. لیکن اگر او را بصورت جزئی از کل یک جسم بررسی کنیم، خواهیم دید که این سلول کمترین مواد ضروری را برای نگه‌داری ازوجودش می‌گیرد و باقی اعمال و فعالیت‌های خود را صرف بدن می‌کند. او برطبق «نوعدوستی» رفتار کرده و تمام «افکار» و فعالیت‌هایش تنها برای تندرستی و سلامتی کلی بدن صرف می‌شود.

دربین کلیه سلول‌های بدن باید هم‌آهنگی و توازن کامل وجود داشته باشد. هسته هر سلول شامل سوابق و اطلاعات ارثی بدن است. هر سلول باید که از تمام بدن و آنچه برای بدن ضروری است آگاه باشد و بداند که به چه صورت به بدن خدمت کند.

بدون آن، برای بدن امکان هستی وجود نخواهد داشت.
به هم پیوستگیِ عامل وجود حیات در مرحلهٔ جدید است - با وجود آنکه هر یک از سلول‌های بدن ما دقیقاً دارای همان اطلاعات ارثی هستند، لیکن هر سلول بنا به وظیفه، مکان و موقعیت خود در بدن، فقط قسمت دیگری از این اطلاعات را به کار می‌اندازد.

در مراحل اولیهٔ رشد جنین، کلیهٔ سلول‌ها دقیقاً مشابه یکدیگرند لیکن در طول زمان آن‌ها تدریجاً تغییر می‌کنند و هر سلول کیفیت و صفت خاص خود را بدست می‌آورد.

سلول خودپرست، سلول سرطانی است

سلول‌های سالم بدن بر طبق قوانین و محدودیت‌های گوناگون و وسیعی رفتار می‌کنند، لیکن در مقابل آن‌ها سلول‌های سرطانی برای این محدودیت‌ها هیچ اهمیتی قائل نمی‌شوند.

سرطان هنگامی روی می‌دهد که سلول‌های بدن شروع به رشد و تکثیر شخصی و بدون کنترل کرده و باعث نابودی بدن می‌گردند. درحین تکثیر، سلول سرطانی دائماً تقسیم می‌شود. او ملاحظهٔ سلول‌های اطراف خود را نمی‌کند و واکنشی به فرمان بدن نشان نمی‌دهد. سلول‌های سرطانی اطراف‌شان را نابود می‌کنند و به این صورت محیط وسیع‌تری برای رشد خود بوجود می‌آورند. آن‌ها برای تغذیه، مویرگ‌های مجاور خود را وادار به ریشه‌دوانی در عمق غده می‌کنند، و به این طریق تمام بدن را تحت اطاعت و اسارت خود در می‌آورند.

سلول‌های سرطانی با اعمال خودخواهانه خود باعث مرگ بدن می‌شوند. این اعمال درعاقبت هیچ ارزش و منفعتی نداشته، بلکه برعکس، در واقع مرگ بدن همان مرگِ «قاتل» بدن است. روش

زیرکانهٔ سلول‌های سرطانی برای تسلط بر بدن، آن‌ها را فقط بسوی نابودی خود سوق می‌دهند. به این صورت، هنگامی‌که طبع خودخواهی گسترش می‌یابد، هرچه وجود دارد و همچنان خودش را بطرف مرگ پیش می‌برد. رفتار خودخواهانه و «بدون ملاحظه» به احتیاجات تمامی بدن، آن‌ها را مستقیماً به تباهی می‌رساند.

زندگی شخصی (فردی) در مقابل زندگی اجتماعی
در بدن سالم، سلول برای بهبودی و رفاه بدن، در وقت لزوم از ادامه به عمر خود «چشم‌پوشی» می‌کند. هنگامی‌که نقصی در ژن یکی از سلول‌ها رخ می‌دهد و احتمال دارد که او تبدیل به سلول سرطانی شود، آن سلول سیستمی را به کار می‌اندازد و به زندگی خود خاتمه می‌دهد. هراس از تبدیل شدن به سلول سرطانی و به خطر انداختن سایر بدن باعث می‌شود که او برای صلاح وجود بدن از بقای خود صرف‌نظر کند.

نمونهٔ رفتار نوع‌دوستی ولی البته در شرایط دیگر را می‌توانیم در طریق زیست کپک قارچی (قارچ انگلی گیاهان) (Dictyostelium mucoroides) مشاهده کنیم. درشرایط محیط مطلوب این قارچ به‌صورت سلول‌های جداگانه زندگی کرده و هر یک از آن‌ها مستقلاً برای خود غذا تهیه دیده و تکثیر می‌شود، لیکن هنگام کمبودی غذا، این سلول‌ها به یکدیگر می پیوندند و جسم چندسلولی بوجود می‌آورند. درحین ایجاد این جسم، تعدادی از این سلول‌ها برای مساعده به بقای آن از ادامهٔ زندگی خود چشم‌پوشی می‌کنند.

کمک به دیگران
پژوهشگر میمون‌ها فرانس دِوال در کتاب خود «سرشت نیک» (Good Natured) نمونه‌های فراوان دیگری را درمورد

نوعدوســتی در طبیعت مطرح می‌کند. در یکی از تحقیقات تجربی، دو میمون را بوســیلهٔ دیوارهٔ شــفاف و پشــت‌نما از یکدیگر جدا کردند، بصورتی که قادر بدیدن یکدیگر باشند. به هر یک از آن‌ها در زمان مختلفی غذا داده می‌شد و آن‌ها سعی می‌کردند که از راه آن دیواره، غذا را به دیگری برسانند.

با مشاهده میمون‌ها، معلوم شد که هنگامی‌که یک از آن‌ها زخمی یا ناقص می‌شود هوشیاری و مواظبت میمون‌ها از یکدیگر افزایش می‌یابد. برای نمونه: میمون مادهٔ فلجی در عرض دو دهه و در آب و هوای بسیار ناهنجار، با رسیدگی و مساعدت میمون‌های دیگر، قادر به ادامه بقاء و حتی تولید و پرورش پنج بچه‌اش گردید. ماده میمون دیگری با وجود عقب‌افتادگی عقلی و جسمی، با پشتیبانی و حمایت خواهر بزرگش که او را در طول زمان طولانی بردوش خود حمل کرده بود، موفق به ادامهٔ زندگی شد. ماده میمونی که قدرت بینایی خود را از دست داده بود، به پشتیبانی و حمایت فوق‌العادهٔ میمون‌های نر نائل شــد. میمونی که برادرش مبتلا به صرع بود، در هنگام حملهٔ این مرض درکنار او می‌ایستاد، دستش را بر سینهٔ او قرار می‌داد و با پافشاری مانع نزدیک شدن پرستاران به برادر بیمار خود می‌شد.

حیوانات دیگر نیــز به همین صورت رفتــار می‌کنند. دلفین‌ها از زخمی‌های گــروه خود حمایت کرده و ســعی می‌کنند که نزدیک ســطح آب بمانند تا بتوانند از غرق شــدن آن‌هــا جلوگیری کنند. پژوهشــگران در یکی از مشاهدات خود متوجه شدند که هنگامی که فیل پیری در حال جان دادن بود، فیل‌های دیگر به هم پیوستند و بــا قرار دادن خرطوم و عــاج خود در زیر بدن او، با تمام قدرت ســعی کردند او را از روی زمیــن بلند کنند. تعدادی از آن‌ها حتی عــاج خود را در حین انجام این عمل از دســت دادند. هم گروهان

ماده فیلی که گلوله شکارچی در ریه‌اش رخنه کرده بود، زیر بدن او خم شدند تا از افتادن او جلوگیری کنند.

گروه اشتراکی حیوانات

دنیای حیوانات، نمونه‌های شگفت‌انگیزی را درباره وجود گروه‌های اشـــتراکی به ما نشان می‌دهد، که در آن هریک از اعضای به نفع کلیـــهٔ اجتماع عمل می‌کند. بـــرای اثبات این موضـــوع می‌توانیم مورچه‌ها، پستانداران، پرنده‌ها و سایر حیوانات را مثال بزنیم.

زیست‌شناســـانی به نام «آویشـــاگ» و «آموتس زاهاوی» زندگی اشـــتراکی پرنـــدگان نغمه‌ســـرا را در ناحیهٔ بایـــر خاورمیانه، و رویدادهای نوعدوستی بین آن‌ها را تحقیق کرده و شرح داده‌اند.

این پرندگان بصورت دسته‌جمعی زندگی می‌کنند، با همکاری با یکدیگر از تنها آشـــیانه‌ای که در قلمروشـــان ساخته‌اند حمایت و مواظبت می‌نمایند. هنگامی‌که همهٔ آن‌ها مشـــغول به غذا خوردن می‌شـــوند، یکی از آن‌ها با وجود گرســـنگی از سایر افراد گروه، نگهبانی می‌دهد.

هنگامی‌که تعدادی از آن‌ها موفق به یافتن غذا می‌شوند قبل از آن‌که خود را ســـیر کنند، آن را به سایر افراد گروه عرضه می‌کنند. این پرندگان جوجه‌های یکدیگر را تغذیه می‌کنند و کلیه کمبودهای‌شان را بـــرآورده می‌ســـازند. در مواقعی که حیوان درنـــده‌ای نزدیک می‌شـــود، آن‌ها با تمام قدرت و با صدای بلند جیک‌جیک می‌کنند تـــا دیگران را هشـــدار بدهند، باوجود آن‌که بـــا این عمل، خود را ظاهر کرده و در معرض خطر قرار می‌دهند. آن‌ها حتی جان خود را بـــرای رهائی پرنده‌ای که به چنگ حیوان درنده افتاده، به خطر می‌اندازند.

وابستگی متقابل

این تحقیق علمی، تاکنون نمونه‌های بی‌شماری را در بارهٔ وابستگی متقابل افشا کرده است، و اکنون نمونهٔ دیگری از این ارتباط را در درجات گیاه و جاندار شرح می‌دهیم.

درخت یوکای آمریکائی، با پروانه یوکا رابطهٔ دوجانبه دارد. پروانهٔ مؤنث به بارور شدن گل کمک می‌کند: او گردهٔ گلی را به گل دیگر انتقال می‌دهد و دقیقاً آن را در قلمهٔ آلت مادگی آن گل می‌چسباند. پس از انجام این عمل، در مکانی که دانه‌های این گیاه رشد خواهند کرد تخم‌گذاری می‌کند. هنگامی‌که آن‌ها به کرم تبدیل می‌شوند، با تغذیه از غنچه‌های گیاه رشد می‌کنند، لیکن برای ادامهٔ وجود درخت در آینده، به مقدار کافی غنچه باقی می‌گذارند. با این ارتباط و همراهی، هر دوی آن‌ها، پروانه و گیاه، ادامه به بقای خود را حتمی می‌سازند.

بدون فقر و فقدان

پرفسور آمریکائی «برگستروم» در مقالهٔ خود «سیر تکاملی رفتار اجتماعی» شرح می‌دهد که در محیطی که به دست و وسیلهٔ انسان آلوده نشده، حیوانات فقط برطبق یاری‌رسانی و نفع به گروه زندگی می‌کنند، و نه به آن صورت که معمولاً ما می‌اندیشیم که «زورمند (قدرتمند) بقادار است». در این جامعه، حیوانات دائماً به زیست متوازن و متعادل ادامه می‌دهند و تعداد افراد گروه همیشه مطابق با شرایط و موقعیت زندگی است. هرگز کمبود یا فقدان، تنها در قسمتی از جامعه وجود ندارد، مگر آن‌که «حادثه‌ای» پیش آمده باشد، که در چنین مواقع، افراد آن گروه تا جائی که امکان دارد به سرعت آن را اصلاح می‌کنند. این گروه با قرار دادن هر یک از اعضا در مناسب‌ترین و کامل‌ترین شرایط و با استفاده از کلیهٔ منابع محیط، به بقای‌شان ادامه می‌دهند.

در طبیعت همه چیز بسوی یگانگی و وحدت پیش می‌رود
سیر تکاملی طبیعت ثابت می‌کند که تبدیل گشتن دنیا به یک دهکدهٔ جهانی کوچک، بطور اتفاقی پیش نیامده، بلکه پیشرفت تدریجی و مداوم تمدن بسوی هم‌آهنگی، مرحله‌ای طبیعی است. بنا بر تفسیر دکتر «الیزابت ساتوریس»، زیست‌شناس و عضو شورای حکمای جهانی، در پایان این مراحل یک سیستم متوازن بوجود خواهد آمد، که تمام اعضای آن با ارتباط متقابل و همکاری با یکدیگر، متحد خواهند گردید.

درکنفرانس توکیو در ماه نوامبر ۲۰۰۵، دکتر ساتوریس توضیح داد که سیر تکاملی، شامل مراحلی مانند منفرد بودن، نبرد و رقابت است، لیکن در عاقبت تمام اعضا به یکدیگر پیوسته و یک سیستم متعادل و هم‌آهنگ بوجود خواهند آورد.

بنا بر گفته‌های او، مراحل پیشرفت زندگی در کرهٔ زمین این موضوع را ثابت می‌کند. میلیاردها سال پیش باکتری‌ها (میکرب‌های تک‌یاخته) ساکنان این کره بودند. پس از تکثیر یافتن، آن‌ها برای استفاده از منابع طبیعت، مانند غذا و محیط زندگی، شروع به رقابت کردند. درنتیجهٔ این رقابت موجود تازه‌ای تشکیل داده شد که با شرایط محیط، توافق بیشتری داشت. و در حقیقت این موجود مجموعه کلیه باکتری‌ها است که مانند یک جسم عمل می‌کند. کاملاً بر طبق این مراحل، موجودات تک‌سلولی به موجودات چندسلولی پیشرفت کرده، و در عاقبت به گیاهان، حیوانات و انسان تبدیل شدند.

هر فرد بطور عادی به فکر مصلحت شخصی خودش است. ماهیت سیر تکاملی آن است که افرادی که به فکر سود شخصی خود

هستند؛ به یک پیکر می‌پیوندند و برای مصلحت کلی آن عمل می‌کنند. دکتر ساتوریس اعتقاد دارد که دوره‌ای که اکنون بشریت طی می‌کند، گامی ضروری در راه ایجاد یک خانوادهٔ متحد بشری است، جامعه‌ای که اگر در آن مانند اجزای سالم در آن رفتار کنیم، کلیه خواسته‌های ما را فراهم خواهد کرد.

با دید عمیق به اساس وجود طبیعت، متوجه می‌شویم که نوعدوستی (الترو-ایزم) پایهٔ حیات است. هر موجود زنده و هر سیستم، شامل سلول‌ها یا اجزایی است که با یکدیگر همکاری کرده و با بخشش و کمک دو جانبه همدیگر را تکمیل می‌نمایند. آن‌ها با از خود گذشتگی و بر طبق قانون نوعدوستی «یکی برای همه» زندگی می‌کنند. هر قدر که طبیعت را با عمق بیشتر تحقیق کنیم، نمونه‌های بیشتری خواهیم یافت که نشان می‌دهند که کلیهٔ اجزاء طبیعت به یکدیگر همبستگی متقابل دارند، و «پیوند دادن اجزاء خود خواه (اگو-ایزم) بطریق نوعدوستی (الترو-ایزم)» یا بطور خلاصه «قانون نوعدوستی» قانون کلی طبیعت است.

نیروی طبیعت، به نحوی زندگی را طرح‌ریزی کرده، که برای بنا کردن یک پیکر زنده، هر سلول نسبت به دیگران باید نوع‌دوست باشد. طبیعت قاعده‌ای ایجاد کرده که برطبق آن، چسبی که کلیهٔ سلول‌ها و اعضا را همچون یک پیکر جاندار به‌یکدیکر متصل می‌کند، روش و رفتار نوعدوستی بین آن‌ها است. بنابراین ثابت می‌شود که نیروی آفریننده و حمایت کنندهٔ حیات در طبیعت، قدرت نوعدوستی، قدرت محبت و بخشش است، و هدف آن ایجاد حیات بر اساس قانون نوعدوستی، هم‌آهنگی و توازن مابین کلیهٔ اعضا است.

به‌هم خوردن توازن

«ای انسان، کسی را که باعث شرارت و تباهی در عالم می‌شود جستجو مکن، زیرا آن کس فقط خودت هستی».

ژان ژاک روسو

«انسان تنها جانداری است که از خجالت سرخ می‌شود، و او تنها کسی است که باید خجالت بکشد».

مارک تواین

«انسان ظالم‌ترین موجود روی زمین است».

فردریش نیچه

کلیه اجزای طبیعت غیر از بشر خودخواه وخودپرست، برطبق قانون نوعدوستی عمل می‌کنند و با هم‌آهنگی و توازن با اطرافیان خود محیط متعادلی ایجاد می‌کنند. هنگامی‌که این توازن بهم می‌خورد، آغاز از هم پاشیدگی و متلاشی شدن نهاد زندگی است.

بنابراین توانائی به نوسازی و احیای تعادل، برای ادامه دادن به هستی ضروری است. در واقع تمام قدرت دفاعی بدن صرف نگهداری تعادل و توازن می‌گردد. هنگامی‌که ما در بارهٔ «جسم قوی» یا «جسم ضعیف» صحبت می‌کنیم، بطور کلی منظورمان توانایی او برای محافظت از توازن و تعادل خود است.

برای محافظت از توازن، هر یک از اجزا متعهد می‌گردند که در مقابل سیستمی که او جزیی از آن است، به طریق نوع‌دوستی عمل کند، و این پایهٔ هم‌آهنگی و تکامل طبیعت است. اگر جزء بخصوصی، از این اصل هستی -اصل نوع‌دوستی- اطاعت نکند، با این عمل توازن را برهم می‌زند. این دو اصطلاح، نوع‌دوستی و توازن، بصورت سبب و نتیجه (علت و معلول) به یکدیگر وابسته هستند.

در کلیهٔ موجودات، غیر از انسان، یک برنامهٔ توازنی تعیین و نصب شده، که در هر لحظه آن‌ها را به انجام فعالیت‌های لازم برای حفظ تعادل وادار می‌کند. این موجودات همواره می‌دانند چگونه رفتار کنند، بنابراین آن‌ها هرگز به طور ناگهانی با موقعیت‌های نامعلوم و ناآشنا برخورد نمی‌کنند. آن‌ها آزادی عمل برای کسب خواسته‌های خود ندارند، و به این دلیل هرگز توازن طبیعت را برهم نمی‌پاشند. فقط در ما، انسان‌ها، این برنامهٔ توازنی منصوب نگردیده است.

طبیعت ازکودکی به ما بقدر کافی این بصیرت و غریزهٔ مخصوص را اعطاء نکرده تا بتوانیم به یک زندگی متوازن داشته باشیم. در نتیجه ما طریق زندگی صحیح و دقیقی را برای هم‌آهنگی و توازن با دنیا و اطراف خود نمی‌شناسیم.

نداشتن برنامهٔ توازن، باعث پیشروی ما بسوی طبع خودخواهی گشته، طبعی که نسل به نسل سخت‌تر می‌شود. این موضوع بخصوص در سطح اجتماعی به نظر می‌رسد: راهی را که انسان برای برآوردن امیال خود درپیش گرفته، راهی‌ست که توجهی به وجود دیگران نکرده و باعث تکامل او نخواهد گردید.

ما میلی به بهم پیوستگی از طریق نوعدوستی، طریقی که در طبیعت مرسوم است، نداریم. علاوه برآن، تاکنون پی نبرده‌ایم که با انجام آن به اوج لذت‌ها خواهیم رسید. زیرا توازن، کامل‌ترین و پرسعادت‌ترین موقعییت و حقیقت است. وقتی همه با هم به توازن و تعادل برسیم در زندگی سعادت واقعی، امنیت و رفاه را خواهیم یافت. و هرگز احتیاجی به ایجاد حصارهای دفاعی نخواهیم داشت.

اگر نهاد خود را بنگریم، خواهیم یافت که در حقیقت هر یک از ما تنها به فکر هستی خود بوده، و در واقع هدف ارتباط ما با دیگران، بهبودی و رفاه وضع خودمان است. ما برای جزئی‌ترین بهبودی در زندگی خود حاضریم که افرادی که نیازی به وجودشان نداریم، از نظرمان ناپدید شوند.

غیر از ما انسان‌ها، هیچ مخلوق دیگری در طبیعت مایل به زیان رساندن، غارت و سوءاستفاده از اطرافیانش نیست. هیچ مخلوقی از ستمگری به دیگران احساس خوشنودی نمی‌کند، و رنج آن‌ها باعث خرسندی‌اش نمی‌شود. فقط انسان از مصیبت دیگران لذت می‌برد. این مثل معروفی است که «گذر از کنار شیر سیر امن‌تر از رد شدن از کنار انسان سیر است»...

هدف طبع خودپرستی ما، که در طول نسل‌ها گسترش یافته، و

سوءاستفاده از دیگران برای ارضای امیال خود، کاملاً با هدف اساسی نیروی طبیعت یعنی فراهم کردن زندگی مرفه به بهترین وجه برای هر یک از افراد بشر مغایر است. واقعیت امروزه ثابت می‌کند که خودپرستی بشر، مضرترین نیروی جهان است، تنها نیروئی که هم‌آهنگی و توازن سیستم کلی طبیعت را از هم می‌پاشد.

یهودا اشلگ، بعل هسولام، در مقالهٔ «صلح در عالم» می‌نویسد:
«تنها عامل مشترک بین افراد بشر آن است، که هر کدام از ما تا جائی که برایمان مقدوراست، برای نفع و رفاه خود از سایرین سوءاستفاده می‌کنیم، بدون توجه به آنکه زندگی خود را بروی ویرانه‌های دوست و یار خود بنیان می‌گذاریم و برای انجام آن هر کس اجازه نامه‌ای به‌نفع خود می‌سازد».

او همچنان ادامه می‌دهد:
«انسان احساس می‌کند که برای منفعت شخصیش کلیه افراد بشر باید تحت سلطه و حکومت او باشند. این قانونی است که هرگز باطل نخواهد گشت. تنها تفاوت بین افراد بشر، طریق انتخاب کردن آن‌ها است. یکی با به کار بردن پست‌ترین هوس‌های خود از مردم سوءاستفاده می‌کند، دومی با رسیدن حکومت، سومی با کسب احترام. از این گذشته، اگر می‌توانست برای کسب امیال خود تلاش زیادی نکند، حاضر بود بوسیله هرسه این‌ها: ثروت، حکومت و احترام، از تمام جهان بهره‌برداری نماید. لیکن او مجبور است که بر اساس امکانات، توانائی و استطاعت

خود، راهش را انتخاب کند».

بعل هســولام توضیح می‌دهد که در حقیقت طبع خود پرستی، خودخواهی تصادفاً گســترش نیافته و نباید بودن آن را سرزنش کــرد. این مراحل برایمان روشــن می‌کنند که دقیقاً تا چه اندازه ما از قانون کلی هســتی، قانون نوعدوستی، منحرف شده‌ایم، انحرافی که اساس کلیهٔ مشــکلات، دشواری‌ها و مشقات زندگی ما اســت، و ما را بــه اصلاح آن وادار می‌کند. هدف پیشــرفت و افزایش خودپرســتی آنســت، که ما قادر به درک تفاوت بین طبع خودخواهــی، که قصدش سوءاســتفاده از دیگران اســت و بین قدرت اصلی و اساسی طبیعت، که ماهیتش نوعدوستی، محبت و بخشش است بشویم.

در ادامهٔ ایــن کتاب، تفاوت و مغایرتی که بین ما و قدرت طبیعت وجود دارد را «فقدان توازن با طبیعت» یا مختصراً «ناهماهنگی»، و اکتساب صفت نوعدوستی بوسیله انسان را «هماهنگی با طبیعت» می‌نامیم.

چه عاملی موجب خرسندی و لذت ما می‌گردد؟
همان‌طور کــه قبلــاً شــرح داده‌ایم، خواســته‌های انســان به خواسته‌های جســمی-حیاتی، و خواسته‌های انسانی-اجتماعی تقسیم می‌شــوند. اکنون برای درک دلیل فقدان توازن بین خود و دیگران، به خواسته‌های انسانی-اجتماعی متمرکز می‌شویم.

خواســته‌های انســانی-اجتماعی، به ســه گروه اصلی تقسیم می‌شــوند: نیاز به کسب ثروت، نیاز به احترام و تسلط، و نیاز به فراگیری دانش. این گروه‌ها نشان‌دهندهٔ خواسته‌های غیرجسمی هســتند که ممکن اســت در وجودمان بیدار شوند. «خواسته‌های

انسانی-اجتماعی» به دو دلیل به این صورت نامیده شده‌اند: ۱) این خواسته‌ها را انسان از اجتماع جذب می‌کند. زیرا اگر به تنهایی در جنگلی زندگی می‌کرد، به آن‌ها هیچ نیازی نداشت. ۲) فقط در چهارچوب اجتماع می‌توان به این خواسته‌ها دست یافت.

برای صراحت و توضیح دقیق‌تر به این موضوع، می‌توان گفت که آنچه که برای حیات لازم است خواسته‌های جسمی، و آنچه ورای آن‌هاست خواسته‌های انسانی-اجتماعی خوانده می‌شوند. ما قادریم طرز استفاده از خواسته‌های اجتماعی را بررسی کنیم، و در واقع به همین دلیل این خواسته‌ها در درون ما رشد می‌کنند.

در وجود هر یک از ما خواسته‌های انسانی-اجتماعی بصورت متفاوتی تشکیل یافته، و این ترکیبات در طول زندگی‌مان تغییراتی می‌یابند. یکی نیاز بی‌حد به ثروت دارد، دومی به احترام و سومی به دانش و بصیرت.

- «ثروت» سمبل نیاز انسان به تصرف کردن هرچیز برای خود است. او می‌خواهد که تمام دنیا را به‌خود متعلق کند.

- «احترام» سطح بالاتری از نیاز به ثروت است. در این درجه انسان دیگر نمی‌خواهد مانند کودکی هر چیزی را به زور بگیرد، بلکه او پی می‌برد که دنیای بیکرانی خارج از او وجود دارد، و قبول دارد که برای دریافت احترام تمام عمرش زحمت بکشد. او حتی حاضر است برای نائل شدن به عزت و احترام از ثروتش صرف‌نظر کند. میل به پول، میل پیشینه‌ای است، میلی برای ربودن و برای خود نگاه داشتن، در حالی‌که میل به دریافت احترام، وجود دیگران را باطل نمی‌کند، بلکه او به وجود اشخاص معتبری غیر از خود نیاز دارد که برایش احترام

قائل شــده، و او را در رتبه‌ای برتر از خودشــان قرار دهند. بنابراین «احترام»، بیان‌کننده خواست انسان برای خریدن و اکتســاب تمام دنیاست، لیکن نه برای خود، بلکه برای نشان دادن به دیگران و کسب احترام برای خود.

- «دانش» بیانگر خواستهٔ انســان به تسلط بیشتر بر دیگران است، خواستی برای فرا گرفتن حکمت، شناختن کلیهٔ جزئیات هســتی، درک وجود آن‌ها و دلیل گردش جهان و یافتن راهی برای گرداندن طبیعت و بشــر برای سود خود است. «دانش» نشان‌دهندهٔ خواست انسان به تسلط از طریق درک و فهم است.

هر خواســته‌ای که ماورای خواســته‌های اصلی حیات است، از ســوی اجتماع به ما می‌رسد و موفقیت یا شکست انسان برای بدســت آوردن آن، فقط در مقابل اجتماع اندازه‌گیری می‌شــود. تحقیقاتی که دربارهٔ «ســعادت و سعادتمندی» با ریاست پرفسور کهانمان که قبلاً نامش را ذکر نمودیم، نشان می‌دهند که هنگامی‌که از مردم درخواست می‌شود که کمیت سعادت‌شان را اندازه‌گیری کنند، آن‌ها میزان ســعادت خــود را در مقابل و مقیاس اجتماعی ارزیابی می‌کنند. همچنین معلوم گردید که احســاس سعادت ما، از بدســت آوردن ثروت سرچشمه نمی‌گیرد بلکه با مقایسهٔ وضع مالی‌مــان در مقابل ثروت اطرافیان‌مان سنجیده می‌شــود. این موضوع باعث می‌گردد که هنگامی‌که که ثروتی بدســت می‌آوریم احســاس خوشبختی بیشــتر نمی‌کنیم، زیرا که هر قدر که بیشتر پیشــرفت کنیم، خودمان را بــا اطرافیان ثروتمندتــر از خودمان مقایسه خواهیم کرد.

در واقع تنها راه تعیین میزان خوشبختی یا زجرمندی‌مان، مقایسهٔ

کردن با دیگران است. اگر دیگران کمتر داشته باشند ما بیشتر، و اگر دیگران بیشتر، ما کمتر احساس سعادتمندی خواهیم کرد. هنگامی‌که کسی به موفقیت می‌رسد، در وجودمان حسادت شعله‌ور می‌گردد. در درون قلب‌مان یا حتی ظاهراً، بدون آن‌که بتوانیم بر این احساس چیره شویم، بی‌اختیار و بطور طبیعی عکس‌العمل نشان داده و برایش آرزوی شکست می‌کنیم. هنگامی‌که کسی شکست می‌خورد باعث خرسندی و رضایت‌مان می‌گردد، زیرا به این صورت سطح رضایتمندی ما فوراً به طرف بالا صعود می‌کند. در واقع مشکلات همگانی باعث می‌شوند که مشکلات منحصر به فرد را به آسانی قبول کنیم. بنابراین به این نتیجه می‌رسیم که لذات انسانی، لذاتی که ماورای نیازهای حیات جسمی است، به روش رفتار ما با دیگران، و طرز فکرمان در بارهٔ روابط با یکدیگر بستگی کامل دارد. نه هر آنچه که تاکنون موفق به کسبش شده‌ایم به ما احساس شادی عطا می‌کند، بلکه برتری بر دیگری و قدردانی اجتماع (و به همین دلیل تقدیر شخصی) و قدرت تسلط، به ما آرامش می‌بخشد.

طرز رفتار خودخواهانه با دیگران، باعث ناهماهنگی و عدم‌تناسب بین ما و بین قانون کلی طبیعت که قانون نوع‌دوستی است می‌گردد. جاه‌طلبی و هدف خودخواهانهٔ ما برای برتر بودن از دیگران، عدم اتحاد با یکدیگر و لذت بردن از سوءاستفاده از آن‌ها، با هدف طبیعت که قصدش پیوند اعضای بشر و روش نوع‌دوستی و برابری است، کاملاً متفاوت بوده و منبع کلیهٔ مصیبت‌ها و زجر بشر است.

در طبیعت قوانین گوناگونی عمل می‌کنند، که با وجودی که با آن‌ها آشنائی نداریم؛ ولی به هرحال آن‌ها بر ما اثر می‌گذارند. زیرا قوانین طبیعت، قوانین مطلق و ثابت هستند. هنگامی‌که انسان

یکــی از این قوانین را نقض می‌کند، انحراف از قانون «بر او عمل» کرده، و او را وادار به اطاعت از قانون خواهد کرد.

ما همچنان با بســیاری از قوانین طبیعت کــه در درجات جماد، گیاهان و موجودات زنده و جســم ما فعل و انفعالات دارند آشنا هستیم، ولی در مقابل آن، اشتباه ما در آن است که تصور می‌کنیم که در درجهٔ انســان و سطح روابط بین افراد بشر، قانونی وجود ندارد. این فکر غلط از آنجا سرچشــمه می‌گیرد، که تا هنگامی‌که در درجه یا مرحلهٔ بخصوصــی قرار داریم، نمی‌توانیم قوانین آن درجه را درک کنیم، مگر از درجه بالاتر از آن. بنابراین نمی‌توانیم تشــخیص دهیم که بین طرز رفتار خودخواهانــه ما با دیگران و پیش آمدهای منفی زندگی‌مان رابطهٔ کاملاً مستقیم وجود دارد.

استفادهٔ صحیح و منطقی از صفت خودخواهی (EGO)

با وجود آن‌که صفت خودخواهی (EGO) باعث ناهم‌آهنگی می‌شود، ولی نباید آن را باطل کرد، بلکه باید طرز استفاده از آن را اصلاح نمود. در طول تاریخ، بشــریت برای رسیدن به توازن، برابری، عشــق، محبت و عدالت اجتماعی به طرق مختلف سعی فراوانی کرده، گاهــی از طریق باطل نمودن اگو و گاهی بوســیلهٔ کوچک کردن ساختگی و مصنوعی آن. حتی جنبش‌های انقلابی و تغییرات اجتماعــی که یکی بعــد از دیگری روی دادند، موفق به رســیدن هدف‌شان نشدند، زیرا توازن فقط با آمیزش صحیح و کامل، بین دریافت برای خود و بخشش به دیگران حاصل می‌گردد.

در قسمت قبل کتاب آگاهی یافتیم که قانون کلی، که هر جسم زنده را به فعالیت وا می‌دارد، هم پیوســتگی اجزای اگوییست، بصورت الترویست می‌باشد. این دو قدرت متضاد یعنی دریافت و بخشش، در هــر ماده، هــر پدیده، هر مرحله و هر آفریــده و مخلوق وجود

دارند.

در سطوح مادی، احساساتی و سایر سطح‌ها، نه تنها یک قدرت، بلکه دائماً دو قدرت وجود دارد. این دو قدرت مکمل یکدیگر بوده و باعث توازن می‌شوند، و به صورت‌های مختلفی به نظر می‌رسند: الکترون و پروتون (هسته اتم سبک)، دفع و جذب، منفی و مثبت، تنفر و عشق. هر جزء در طبیعت ارتباط دوجانبه و متقابلی با سیستمی که او قسمتی از آن است برقرار می‌کند و در این ارتباطات، گرفتن و دادن با هماهنگی و توازن کامل صورت می‌گیرند.

هدف طبیعت، رساندن ما به تکامل و کسب لذات بی‌پایان و نامحدود است. به این دلیل طبع خودخواهی و میل به لذت در درون ما آفریده شده. بنابراین هیچ احتیاج یا علتی برای باطل کردن این طبع وجود ندارد. تنها عملی که ما باید انجام دهیم اصلاح آن، یا در واقع تغییر طرز استفادهٔ خودخواهانه امیال درونی‌مان، به طریق نوع‌دوستی است. تکامل و پیشرفت صحیح فقط با استفادهٔ کامل از میل به لذت، ولیکن بصورت اصلاح شدهٔ آن روی می‌دهد. علاوه بر این، بدلیل آنکه اگو، تنها طبعی است که با آن متولد شده‌ایم، هرگز نخواهیم توانست که برضد آن عمل کنیم یا که آن را محدود نمائیم، زیرا این عمل مخالف با طبیعت درونی ماست. حتی اگر سعی فراوان بخرج دهیم، پی خواهیم برد که قادر به انجام آن نخواهیم بود.

با وجود آنکه در وضع کنونی‌مان نشانه‌ای از هدف و خواست طبیعت برای رساندن ما به لذات بی‌پایان بنظر نمی‌رسد، لیکن دلیل آن است که مخالف با درجه‌های دیگر در طبیعت، صفت خودپرستی درونی انسان تاکنون به تکامل نرسیده و بقول معروف «پخته» نشده است. یهودا اشلگ (بعل هسولام) در مقالهٔ «ماهیت

کبالا و هدف آن»، این موضوع را به این صورت توضیح می‌دهد:

«با مشـاهده‌ی کلیهٔ سیستم‌های طبیعت پی می‌بریم، که درون کوچک‌ترین موجود از این چهار نوع: جامد، گیاه، حیوان و متکلم، بطور کلی یا فردی راهنما و ناظر عمدی وجود دارد، یعنی رشد تدریجی و آهسته بصورت «سبب و نتیجه»، مانند درخت میوه‌ای که از سوی طبیعت مراقبت و هدایت می‌گردد، بدان منظور که در عاقبت میوه‌ای زیبا، شیرین و لذت‌بخش شود.

اکنون از گیاه‌شناس بپرسید، چند حالت و مرحله را این میوه از لحظه‌ای که پدیدار می‌گردد و تا زمان رسیدنش به هدف، یعنی رسیده شدن کامل، طی می‌کند. کلیهٔ حالت‌ها و مراحل قبل از رسیدن به هدف، نه تنها که نشانه‌ای از میوه‌ای شیرین و زیبا نمی‌دهند، بلکه گویا برای رنجاندن ما، صورت معکوس آن را نشان می‌دهند: هرقدر که میوه در آینده شیرین‌تر باشد، در مراحل قبلی رشدش تلخ‌تر و نامقبول‌تر است.»

در واقع، تا زمانی که هر موجود به تکامل نهائی نرسد، کمال قدرت طبیعت برایش آشکار نخواهد شد. در بارهٔ ما انسان‌ها، موقعیتی که فعلاً در آن هستیم هنوز مرحلهٔ نهائی و کامل نیست، و بنابراین وقایع بصورت منفی بنظرمان می‌رسد، مانند میوه‌ای که بروی درخت پرورش می‌یابد، نیازی به نابود کردن صفت منفی درونی ما نیست، وگرنه از آغاز این طبع هرگز درون ما آفریده نمی‌شد.

قدرت اگو قدرت شگفت‌انگیزی است. او باعث گسترش و پیشرفت ما تا زمان کنونی گشـته و بوسـیله آن به تکامل خواهیم رسید.

اگو با فشــار دائمی، ما را به پیش کشـانده و به ما امکان ترقی و پیشــرفت نامحدودی را می‌دهد. بدون این صفت هرگز جامعهٔ بشــریت به این شــکل ترقی نمی‌کرد و در ماهیت خود تفاوتی با جانداران دیگر نداشت. با مســاعدت اگو، ما به لذت‌های آشنا و زودگذر اکتفا نمی‌کنیم، بلکه خواســتار بدست آوردن آنچه ماوراء آن‌ها است می‌باشیم.

درواقع حکمت در آن است که بهترین و منطقی‌ترین طریق استفاده از قــدرت اگو را بیابیم و با کمک آن بســوی به هم‌پیوســتگی با بشریت پیشــرفت نمائیم. روشــی که به ما امکان و قدرت رسیدن به این هدف را می‌دهد حکمت کبالا اســت و به همین دلیل حکمت «کبالا» یا «قبالا» به معنای «قبول کردن – گرفتن» نامیده می‌شود. بنابراین حکمت کبالا، حکمت بدست آوردن لذت بی‌کران به بهترین و کامل‌ترین وجه است. کبالا ما را به پایمال کردن قدرت و صفت طبیعــی خودخواهی که با آن متولد شــده‌ایم وادار نمی‌کند؛ بلکه بالعکس، از وجــود آن آگاهی دارد و به انســان توضیح می‌دهد چگونه برای رسیــدن به تکامل، از آن به بهترین و مؤثرترین وجه استفاده نماید. در طول پیشرفت، انسان با پیوند صحیح و متوازن کلیه تمایلات و عوامل درونی خود و استفاده از کلیهٔ آن‌ها، مراحل تکامل را طی می‌کند.

برای مثال، ما معمولاً معتقدیم که حسادت، هوس و طلب احترام صفات منفی هستند و حتی ضرب‌المثلی است که «حسادت، هوس و احترام انسان را از دنیا خارج می‌کنند».
آنچه که کمتر برای ما واضح اســت معنــای درونی و عمیق این ضرب‌المثل به صورتی اســت که کبالا توضیح می‌دهد: حسادت، هوس و احترام انســان را از این دنیا، عالم ما، بسوی عالم والا، مرحلهٔ بالاتر طبیعت بیرون می‌برد. ولی به شــرط آن که کلیهٔ این

گرایش‌های طبیعی را به سمت مثبت و مفید انتقال دهیم، بطوری که ما را به کسب توازن و هم‌آهنگی با قدرت طبیعت نوع‌دوستی وادار نماید.

بحران فرصتی است برای بازگشت به توازن

کلمه‌ی‌بحران در زبان چینی از دو علامت ترکیب یافته،
یکی از آن‌ها علامت خطر است
و دیگری علامت فرصت و فراغت»
جان اف. کندی
۱۹۵۹/۰۴/۱۲

هدف طبیعت توازن و هم‌آهنگی است و تمام فعل و انفعالاتش برای رساندن کلیهٔ اعضای بشر به توازن انجام می‌گیرد. مثلاً می‌توان کوه آتشفشان را در نظر بگیریم: فشار داخلی در عمق زمین دائماً افزایش یافته تا هنگامی‌که پوستهٔ خارجی کره زمین قادر به توازن این فشار نیست. این مرحلهٔ عدم توازن، در درجهٔ جماد پیش می‌آید و انفجار کوه باعث ایجاد فشار متوازن می‌گردد. در حقیقت در مواقعی که عدم توازن پدیدار می‌گردد، این راهی است که طبیعت برای ایجاد توازن درپیش می‌گیرد.

قوانین فیزیک و شیمی ثابت می‌کنند که تنها دلیل حرکت مواد یا اجسام، رسیدن به توازن است که باعث ایجاد پدیده‌هایی مانند تعادل فشار، جاری شدن آب به پست‌ترین مکان، پراکنده شدن گرما و سرما و سایر پدیده‌های طبیعت می‌گردد. به اصطلاح علمی این وضع «homeostasis» نامیده می‌شود (به زبان یونانی «Homeo» به معنای «یکسانی»، «یکنواختی» و «stasis» به معنای «وضعیت»، «موقعیت» - وضعیت یکسان)، وضعیتی که هر موجود، در واقعیت هستی، بسوی آن جلب می‌شود.

اما در درجهٔ انسان، ایجاد توازن مستلزم به مشارکت آگاهانه است. بنابراین تا هنگامی که به این حقیقت که رفتار خودخواهانه با دیگران باعث ضرر به خودمان و به تمام جهان می‌گردد، آگاهی نیابیم، نمی‌توانیم خودمان جوابگوی این موضوع باشیم. در عوض، طبیعت به کمک ما می‌آید و هشدار می‌دهد که ما در عدم توازن و هم‌آهنگی قرار داریم بنابراین ما را به بالاترین نقطهٔ بحران در گسترش صفت خودپرستی رهنمون می‌سازد.

هدف بحران آگاه کردن ما به این مطلب است که مسیری که اکنون طی می‌کنیم اشتباه است و باید جهت آن را عوض کرده و مسیر جدیدی را آغاز نمائیم. بنابراین بحران، تنبیه و مجازات نیست، بلکه وسیله‌ای است برای رساندن ما به تکامل. در واقع مجازات در دنیا وجود ندارد، زیرا ما مقصر نیستیم که با این صفات آفریده شده‌ایم. هر چه در جهان ما وجود دارد فقط برای پرورش و ترقی انسان ایجاد گردیده و تمام این مراحل وسیله‌ای برای پیشرفت اوست.

لازم به تذکر است که انسان که ماهیت وجودش میل به لذت است، بدون احساس «کمبود» هرگز قادر به حرکت، پیشرفت و فعل و

انفعال نخواهد بود. ما فقط هنگامی راضی به حرکت می‌شویم که بخواهیم کمبودهای فعلی را پر کنیم و بسوی تکمیل و پرنمودن کمبودهای آینده پیش رویم. احساس کمبود ما را زجر می‌دهد و ما شروع به یافتن راه‌حل می‌کنیم. در حقیقت این طریقی است برای گسترش و پیشرفت ما، به قول فیلسوف آلمانی، آرتور شوپنهاور: «بنظر می‌رسد که انسان بسوی پیش، کشیده می‌شود، ولی در حقیقت او با فشار از پشت هل داده می‌شود».

بحران بیان‌کننده «نقص»هائی است که از آغاز عمداً در طبع ما قرار داده شده و این نقص‌ها به ما امکان می‌دهند که با خواست و قصد شخصی خودمان آن‌ها را «اصلاح» کنیم و به مراحل والاتری صعود نمائیم. در گذشته، صدها و هزاران سال پیش، بشریت زجر می‌کشید، لیکن مقدور به درک دلیل رنج و مشقاتش نبود. اکنون ما آمادگی کاملی برای درک این موضوع داریم و پی می‌بریم که آن‌ها صفت خودپرستی ما را مستقیماً بسوی کسب صفت نوع‌دوستی، مهر، محبت و بخشش قدرت طبیعت هدایت می‌کنند. به همین دلیل اکنون طبیعت می‌تواند از انسان این عصر سؤال کند: «آیا واکنش صحیحی نسبت به آنچه بدستت سپرده شده نشان می‌دهی؟». اکنون طبیعت همراه با زدن ضربت، ما را از دلیل ضربت آگاه می‌نماید.

تاکنون طبیعت با انسان بصورت آسانی عمل کرده است: طبیعت با بیدار کردن خواسته‌ها و امیال گوناگون در درون انسان، او را وادار به پیشرفت و ترقی می‌نمود، و انسان برای ارضای امیال خود از طرق مختلف اجتماعی، آموزشی، فرهنگی، علمی و تکنولوژی به سرعت بسوی گسترش گام برمی‌داشت. لیکن اکنون ناآگاهانه به بن‌بست رسیده‌ایم، متوقف شده و شروع به بازجویی از خودمان می‌کنیم. در واقع با رسیدن به این نقطه، قدرتی برای شروع به بررسی امیال خود کسب نمودیم و بنابراین از این لحظه

به بعد ما متعهد به انجام آن هستیم.

ما دیگر نمی‌توانیم به گسترش آگاهی خود در بارهٔ اینکه «چگونه می‌توانیم به صورت بهتری از خواسته‌های درونی خودمان استفاده کنیم» اکتفا کنیم؛ ما باید شروع به فکر و بررسی آن‌ها از جانب دیگری بنماییم. ما باید شروع به پرسش از خود کنیم: «من چه عملی با امیال خود انجام می‌دهم و برای چه؟». هر یک از ما مستلزم است که به درون خود بنگرد و خارج از خود خودش را قضاوت کند.

در واقع، قدرت طبیعت، قدرت التَرویسم ثابت و غیر قابل تغییری است که مداوم با فشار دائمی ما را وادار به رسیدن به توازن با خودش می‌نماید. تنها چیزی که در طبیعت تغییر یافته و بر طبق «برنامه»ای که در آن نهاده شده، ترقی می‌کند، همان اگو و طبع خودخواهی درونی ما است. افزایش دائمی تفاوت و تغایر بین اگو و قدرت طبیعت باعث گسترش و افزایش ناهم‌آهنگی می‌گردد. ناهم‌آهنگی و عدم توازن به صورت فشار، نقصان وکمبود، رنج، زجر و بحران احساس می‌گردد. کثرت این پدیده‌های منفی بستگی مستقیم با شدت ناهم‌آهنگی دارد و به همین دلیل واضح است چرا در گذشته میزان فشار و ناراحتی کمتر از اکنون احساس می‌شد و چرا روز بروز ترقی می‌نماید. بنابراین خود ما با میزان ناهم‌آهنگی یا هم‌آهنگی‌مان با طبیعت شدت زجر یا فرح‌مندی که احساس خواهیم کرد را تعیین می‌کنیم. می‌توان گفت که وجود ناکامل ما در سیستم کامل طبیعت دلیل مشقت‌ها و ریشهٔ بحران است.

هنگامی‌که پدیده‌های منفی و بحران شخصی و کلی را به صفت خودخواهی انسان که باعث عدم توازن در سیستم طبیعت می‌گردد ارتباط دهیم، بسوی راه‌حل پیش خواهیم رفت. هنگامی‌که پی

ببریم این ضربات و مشقت‌ها از کجا به ما می‌رسند و هدف آن‌ها چیست، آن‌ها به قدرتی برای ترقی و پیشرفت ما تبدیل خواهند گردید. بنابراین بحران دیگر بحران نخواهد بود، بلکه مرحله‌ای است برای پیشرفت بشریت، که در ابتدا بصورت مرحله‌ای منفی آشکار می‌گردد. اگر زاویهٔ دید و آگاهی خود را در این باره تغییر دهیم، بحران فرصتی گرانبها برای رسیدن به تکامل بنظر خواهد رسید.

اطاعت از قوانین طبیعت

«تا هنگامی که مقصد دقیقاً معین نشده، دویدن در مسیر مستقیم بی‌جهت است»

فرانسیس بیکن

هدف زندگی

نیروی کلی که در طبیعت فعالیت دارد و از او نگهداری می‌نماید نیروی محبت و نوعدوستی (التروایسم) است. این نیرو کلیهٔ اجزای طبیعت را وادار می‌کند که مانند اعضای یک پیکر با هم‌آهنگی و توازن کامل زندگی کنند با اطاعت و اجرای این شرط، پیوندی بوجود می‌آید که «زندگی» نامیده می‌شود.

این پیوند در کلیهٔ درجه‌ها بغیر از درجهٔ انسان وجود دارد. بنابراین هدف زندگی انسان ایجاد این پیوند به صورت مستقل است و برای رسیدن به آن، طبیعت ما را تحت فشار قرار می‌دهد. چنین پیوندی فقط با روش نوعدوستی و رعایت حال و کمک به

بهبود شرایط دیگران کسب می‌گردد و باعث احساس لذت کامل می‌شود. این لذت از آنجا سرچشمه می‌گیرد که با ایجاد همبستگی با دیگران، انسان به توازن با قانون کلی طبیعت رسیده و جزئی از تکامل طبیعت می‌گردد.

ما تنها مخلوقی هستیم که از طریق پیوند متقابل عمل نکرده و بنابراین «زندگی» واقعی را احساس نمی‌کنیم. با وجود آن‌که در حقیقت به معنای سطحی و ظاهری این کلمه ما زنده هستیم، ولی در عاقبت خواهیم یافت که اصطلاح «زندگی» کاملاً متفاوت با حیات فعلی ما است.

مسیری که ما را بسوی یافتن و بهره‌گیری ازهدف زندگی می‌برد شامل مرحله‌ای طولانی و چندین هزار سالهٔ توسعه و پیشرفت صفت خودخواهی است که در پایان آن از رویا و خیالی که خودپرستی باعث سعادت‌مان می‌شود بیدار و هوشیار می‌شویم و پی می‌بریم که افزایش اگویزم اساس و بانی کلیهٔ مشقات زندگی‌مان است. در مرحلهٔ بعدی ما باید پی ببریم که همگی ما اعضای یک سیستم هستیم و باید رفتارمان با اطرافیان بر اساس قانون الترویزم پایه‌گذاری شود تا بتوانیم به یکدیگر بپیوندیم و مانند اعضای یک پیکر باشیم.

در آغاز برای گریختن از مشقات زندگی‌مان این عمل را انجام می‌دهیم و پاداش فوری‌مان فراغت و آسودگی از مشقات در کلیهٔ سطوح زندگی و کسب حس جدیدی برای درک ارزش حیات‌مان خواهد بود، ولی در دنبالهٔ این مرحله پی خواهیم برد که برنامه‌ای که طبیعت برای ما تهیه دیده تنها با زندگی راحت به اتمام نمی‌رسد، زیرا برای این منظور کافی بود که برنامهٔ توازن و صفت التروایزم، به همان صورت که در سایر موجودات دیگر آفریده شده در درون

ما نیز وجود داشته باشد.
در واقع ما همچنان موجودی خودپرست و خودخواه پیشرف کرده‌ایم فقط به این منظور، که مستقلانه درک نمائیم که این صفت برای ما مضر بوده و کاملاً با صفت والای نیروی طبیعت متضاد است. پژوهش مستقل برای یافتن توازن، به تدریج انسان را وادار به درک ارزش صفت نوعدوستی، مهر و محبت و بخشش به بشریت می‌نماید.

همان طور که مشاهده کردیم، هر جزء در طبیعت برای بهبودی سیستمی که او قسمتی از آن بشمار می‌رود عمل می‌کند ولی این طرز زندگی متوازن بطور طبیعی در غریزهٔ آن‌ها در سطح مادی موجود است. تفاوت بین انسان و سایر جانداران طبیعت در آن است که انسان دارای نیروی فکری است وقدرت تفکر و منطق، قوی‌ترین نیرو در هستی و واقعیت است.

قدرت تفکر، مافوق کلیهٔ قدرت‌های جامد مانند قوهٔ جاذبه، قدرت الکتریسیته، قدرت مغناطیس و قدرت اشعه و حتی مافوق قدرت رشد و ترقی در درجهٔ گیاهان، و مافوق قدرتی است که حیوانات را وادار به حرکت به سوی آنچه برای‌شان مفید است کرده و آن‌ها از آنچه برای‌شان زیان‌آور است دور می‌کند. قدرت تفکر حتی مافوق قدرت خواسته‌های خودخواهانه انسان است.

بنابراین در حالی‌که در درجات جماد، گیاه و حیوان، روش نیک هر جزء در سیستم بصورت مادی بیان می‌گردد، برای انسان آنچه احتیاج به اصلاح دارد سطح فکر و طرز رفتارش با دیگران است. در کتاب زوهر، یکی از کتاب‌های اساسی حکمت کبالا که در حدود دو هزار سال پیش بدست ربی شیمعون بریوحای نگارش یافته آمده است: «همه چیز با تفکر روشن می‌شود» (کتاب زوهر،

قسمت ۲، بخش ۲۵۴).

مخالفت درونی ما برای پیوستن به دیگران چون اعضای یک پیکر کامل، بیان کنندهٔ خودخواهی ماست. و در مقابل آن، نوعدوستی است، یعنی حرکت درونی انسان از درون قلب و خواسته‌های خود بسوی درک و احساس دیگران، مانند قسمتی از وجودش. بنابراین برای ایجاد توازن و هم‌آهنگی بین انسان و قانون الترویسم طبیعت، ما باید به مرحله‌ای برسیم که بجای تسلط بر دیگران و سوءاستفاده از آن‌ها بخواهیم از روش و گرایش نوعدوستی و پیوند با دیگران مانند اعضای یک سیستم، لذت ببریم.

مرحلهٔ تغییر منبع و منشاء لذت ما از روابط خودخواهانه به روابط نوعدوستی «اصلاح اگو» و مختصراً «اصلاح» نامیده می‌شود. این مرحله مبنی بر ایجاد نیاز تازه‌ای در درون ماست: نیاز به بدست آوردن صفت نوعدوستی.

برای گام برداشتن به سوی اصلاح، ضروری است که از قدرت تفکر استفاده نمائیم. در مقالهٔ «تفکر حاصل خواسته‌ها است»، بعل هسولام توضیح می‌دهد که میل درونی ما به لذت، تعیین می‌کند چه افکار و اندیشه‌ای داشته باشیم. بنابراین ما هرگز به آنچه مغایر امیال ماست، مثلاً روز مرگ خود نمی‌اندیشیم، بلکه فقط به آنچه نیاز داریم فکر می‌کنیم.

بطور طبیعی نیاز و خواستن، تولید کنندهٔ افکار است؛ یعنی خواستن باعث می‌شود که در درون ما افکاری در مورد طرق کسب لذت گسترش یابند. با این وجود، تفکر دارای توانائی بخصوصی است. او می‌تواند بصورت کاملاً مختلف عمل کرده و باعث افزایش خواست انسان گردد. مثلاً اگر میل کمی به چیزی داشته باشیم،

با فکر و اندیشه در بارهٔ آن، این میل زیاد شده و هر قدر که بیشتر در باره‌اش بیندیشیم، میل‌مان به آن افزایش می‌یابد.

این توانایی دایره‌ای ایجاد می‌کند که هر لحظه وسیع‌تر می‌گردد: میلی که اکنون گسترش یافته باعث تشدید اندیشه می‌شود و اندیشه به ازدیاد میل ادامه می‌دهد. با کمک این طرز کار ما هر بار میل بیشتری به آنچه که در منطق‌مان مهم بنظر می‌رسد بوجود می‌آوریم ولی هنوز جای مناسبی را در قلب‌مان و در بین امیال فراوان نمی‌یابد. در واقع این همان طریقی است که بوسیله آن می‌توان میل به بدست آورن صفت نوعدوستی و شراکت با دیگران را به میل اساسی حیات‌مان تبدیل کنیم.

البته اکنون این سؤال پیش می‌آید: «چگونه می‌توانیم افکار خود را در بارهٔ بهم پیوستگی با دیگران افزایش دهیم با توجه به این مسئله که در واقع در درون خود میل زیادی به آن نداریم؟ در حقیقت اکنون در درون‌مان امیال فراوان دیگری قوی‌تر، محسوس‌تر و واضح‌تر وجود دارند که فکر ما را مشغول می‌سازند. یا مختصراً، چگونه می‌توانیم این دایرهٔ (چرخ) «فکر، خواسته، فکر» را به حرکت بیاوریم؟

اکنون روشن می‌گردد که محیط و اطرافیان چه اثر مهم و با اهمیتی در زندگی انسان دارند. اگر بدانیم چگونه در اطراف خود محیط مناسبی بوجود آوریم، این محیط مانند منبع خواسته‌ها و افکار جدیدی خواهد بود که ما را بسوی کسب صفات نوع‌پرستی و الترویزم طبیعت هدایت خواهد نمود. بخاطر اهمیت و ارزش محیط و اطرافیان در ترقی و پیشرفت انسان، دو فصل آیندهٔ این کتاب را به این موضوع اختصاص می‌دهیم.

چه از دست ما بر می‌آید؟

ما باید درک کنیم، که رسیدن به توازن با نیروی طبیعت راه صحیح زندگی ما بوده و آیندهٔ روشن، مثبت و نیک ما به آن ارتباط دارد. ما باید تمام افکار خود را به این موضوع که همگی اعضای یک سیستم کامل هستیم که کلیه افراد بشر را در بر گرفته متمرکز سازیم، و با دیگران شروع به رفتار متناسب نمائیم.

منظور از رفتار متناسب و نوع‌دوستانه با دیگران آن است که انسان تمام گرایش‌ها، افکار و توجه خود را صرف بهبود وضع دیگران می‌نماید و آرزومند است که سایر افراد بشر موفق به دست‌یابی به آن‌چه برای زندگی‌شان ضروری است شوند و علاوه بر توجه به ترمیم سطح مادی، تمام قدرت تفکر و سعی خود را برای بالا بردن سطح افکار و حس آگاهی آن‌ها متمرکز می‌سازد. انسان باید بخواهد که هر فرد احساس کند که او جزیی از یک سیستم کلی است و بر طبق آن عمل نماید.

در ابتدا این عمل درونی است و در سطع منطقی انجام می‌گیرد. بسیار مهم است که بتوانیم فکر خود را عمیقاً به این موضوع اختصاص دهیم و نگذاریم از ذهن‌مان محو گردد. ما باید اهمیت بی‌نهایتی برای این افکار قائل شویم، زیرا سعادت و تکامل ما به آن‌ها بستگی دارد و با کمک‌شان از مشقات و مشکلات زندگی‌مان رهایی خواهیم یافت. شاید این موضوع در ابتدا غیرعملی و خیالی به نظر می‌رسد، ولی واقعاً آینده روشن و سعادت ما به آن و فقط به آن بستگی دارد.

به غیر از عمل و کنش درونی در سطح منطقی برای ارتباط نوع‌دوستانه با سایرین، ما هم‌چنان می‌توانیم این ارتباط را به

صورت علنی با دیگران برقرار کنیم و اطلاعات خود را در باره هدف زندگی و طریق کسب آن، با آن‌ها تقسیم و توزیع نماییم. اگر بتوانیم اهمیت این اطلاعات را به سایرین اعطاء نموده تا آن‌ها نیز شروع به درک این مشکل و پیدایش راه‌حل آن نمایند، تغییر مثبتی در سیستمی که همگی ما اعضایی از آن هستیم بوجود خواهد آمد و در نتیجه، این آگاهی هر بار توسعه یافته و بلافاصله اثر مثبت آن را در زندگی خود احساس خواهیم کرد.

هنگامی که حتی یک فرد طرز رفتار خود را با دیگران اصلاح می‌نماید باعث ایجاد تغییرات در حیات کلیه بشریت می‌گردد. در واقع ما می‌توانیم به این صورت ارتباط بین یک فرد را با بشریت تصور کنیم: «من و تمام بشریت در یک سیستم قرار داریم، ولی سایر افراد بشر کاملاً وابسته به طریقی هستند که من آن‌ها را به فعالیت وا می‌دارم. تمام جهان در دست من است». و به این نحو واقعیت به نظر هریک از افراد بشر می‌رسد.

برای درک این موضوع می‌توانیم مکعبی را در نظر خود تجسم کنیم که مانند تعداد افراد بشر، تقریباً شامل هفت میلیارد لایه است. هر لایه نماینده‌ی یک فرد است و به وسیله او به فعالیت واداشته می‌گردد. در هر لایه هفت میلیارد سلول وجود دارد. یکی از این سلول‌ها من هستم و سایر سلول‌ها نمایان‌گر هم‌پیوستگی و اتحاد بین انسان‌های دیگر هستند. به این صورت سیستم طبیعت بنا شده است. در واقع هر فرد شامل سایرین است و بنابراین ما همگی با یکدیگر ارتباط داریم.

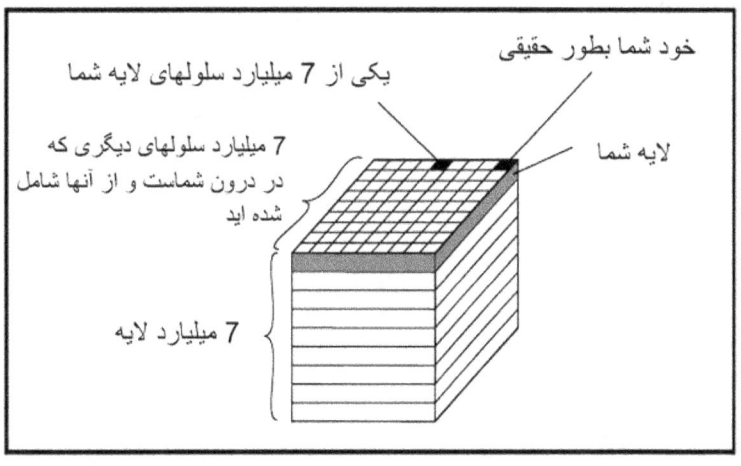

اگر من طرز رفتار خود را حتی فقط با یکی از سلول‌های لایه خود اصلاح نمایم، من قسمت شخصی خود را در آن بیدار کرده‌ام. اکنون در وی تغییرات مثبتی روی خواهد داد که او را به وضعی نزدیک می‌کند که که نیاز به اصلاح رفتارش با دیگران دارد. این تغییرات نه تنها فقط در او، بلکه در سراسر لایهٔ او و در کلیه سلول‌های دیگر که شامل آن‌هاست اثر می‌گذارد. علاوه براین هر یک از آن‌ها دارای لایه شخصی خود در این مکعب است، که باعث برانگیختن کلی این مکعب می‌گردد.

بنابراین حتی یک فرد با اصلاح طرز رفتار خود با دیگری، بطور «ناخودآگاه» باعث تغییرات مثبت در تمام انسان‌ها می‌گردد. این نوع روابط متقابل مابین لایه‌های مختلف مکعب، بشریت را به سوی اصلاح و تکامل پیش می‌برد.

لازم به تذکر است که اکنون بشریت در جهت مخالف و متضاد با طبع نوع‌دوستی در حرکت است. درواقع حتی با ایجاد کوچک‌ترین تغییر، می‌توان تا اندازه‌ای بشریت را به هماهنگی و توازن با طبیعت نزدیک نماییم. به این صورت ناهماهنگی کاسته می‌شود

و همــراه آن پدیده‌هـــای منفـــی کاهش می‌یابند. بــا وجود آن‌که ســایر افرادی که طرز رفتار خود را اصلاح نکرده‌اند هنوز موفق به احســاس این تغییرات نمی‌شــوند، لیکن کسانی که باعث این تحولات شــده‌اند بلافاصله آن را حس خواهند کــرد. بنابراین با پیگیری بیشــتر این افکار و با فعالیت برای بــالا بردن و افزایش ســطح آگاهی به این موضوع که همگی ما اعضای یک سیســتم هســتم، احســاس خواهیم کرد که ما در جهانی سرشار از نور، محبت و دوستی زندگی می‌کنیم و دنیا به روی ما لبخند می‌زند.

هنگامی‌که تفکر انســان ترقی می‌کنــد و او موفق به اصلاح طرز رفتارش با سایرین می‌گردد، او آمال و خواسته‌های جدیدی بدست می‌آورد و خواسته‌های مادی جنبه معنوی به خود می‌گیرند:

- (Kesef) «مال» از ریشه (Kisuf) اشتیاق است یعنی: انسان مشتاق می‌گردد که خواسته های دیگران را برآورده کند. مانند مادری که دائماً از کودکانش نگهداری و مراقبت می‌نماید و از فراهم کردن خواسته‌های‌شان لذت می‌برد.

- «احترام»: انســان برای هر یــک از افراد بشــر احترام قائل می‌گردد و با او مانند شریک خود رفتار می‌کند.

- «دانش»: انســان آرزومند می‌گردد کــه با آموزش از دیگران، بتواند کمبودهای بشریت را درک کند و با پیوستن با آن‌ها به تعادل هم‌آهنگی با طبیعت برســد و در نتیجه موفق به درک و احساس قدرت اندیشهٔ الترویزم و والائی که واقعیت را احاطه نموده گردد، یعنی اندیشهٔ طبیعت. و این دروازه‌ای است برای رسیدن به والاترین درجه طبیعت و تکامل و نور الهی است.

این مسئله از آن چه به نظر می‌رسد بسیار آسان‌تر است. مراحل اصلاح و تغییر منشاء لذت از اگوئیزم به الترویزم، در ابتدا بسیار دشوار به نظر می‌رسد. لیکن واقعیت کاملاً با آن‌چه ما گمان می‌کنیم متفاوت است. در مقالهٔ «صلح در جهان» بعل هسولام اظهار می‌نماید:

> «در نخستین نگاه، این برنامه خیالی و رویایی و مافوق قدرت طبیعت انسان به نظر می‌رسد. لیکن با جستجوی عمیق خواهیم یافت که این مغایرت - یعنی در عوض گرفتن برای خود، اعطاء کردن به بشریت - چیزی به غیر از احساس روانی نیست.

اصطلاح «ماهیت روانی» معنایش آن نیست که این مشکل بوسیله روان‌شناسان باید حل گردد، بلکه بیان کننده مشکلی است که در طرز ارتباط داخلی ما برای کسب لذت وجود دارد: ما به لذت بردن از راه و روش خودپرستی و اگوئیزم عادت کرده‌ایم و درک این موضوع که امکان دارد که از راه دیگری به لذت برسیم برای‌مان دشوار است.

به نظرمان می‌رسد که ادامه دادن به راه خودخواهی و بدون اصلاح آن آسان‌تر است و بدین‌ترتیب وقت خود را با بیهودگی تلف کرده و اجازه می‌دهیم که جریان نهر زندگی ما را به پیش روانه سازد و «هر چه پیش آید خوش آید». لیکن حقیقت کاملاً متفاوت است. ما از این موضوع بی‌اطلاع هستیم، ولیکن این طبع - اگو، که ما مطمئن هستیم که ما را به سوی بهترین وضعیت پیش می‌برد، «ما» نیستیم. در واقع اگو مانند حاکم مستبدی در درون ماست که ما را تحت فرمان خود درآورده؛ ولی ما به این اندیشهٔ اشتباه، که او برای بهبود وضعیت ما عمل می‌کند عادت کرده‌ایم.

در لحظه‌ای که بتوانیم تشـــخیص دهیم که اگو بر ما تسلط یافته، بدون سؤال از ما که آیا ما مایل به این تسلط هستیم؛ در لحظه‌ای که آگاهی یابیم که او ما را به این اشتباه می‌اندازد که گویا ما میل به چیزی داریم در حالی‌که این میل او است؛ هنگامی‌که ببینیم به چه نیروی عظیمی احتیاج داریم تا بتوانیم امیال او را برآورده کنیم و چه مزد بی‌ارزشـــی در مقابل این همه زحمات بســیار عایدمان خواهد شـــد، بنابراین با این طبع اصلاح نشده هم‌چون سرداری ظالم و بی‌رحم که بر ما تسلط یافته رفتار خواهیم کرد.

بعل هسولام در مقاله «آموزش ده سفیروت» شرح می‌دهد:

> «اگر انســـان میزان کوشـــش و تلاش خـــود و میزان لذت‌های زندگیش را با یکدیگر مقایسه نماید، خواهد یافت که سختی‌ها و مشقاتی که برای وجود زندگیش صرف می‌کند چندین برابر بیشتر از اندک لذت است که در تمام عمرش احســـاس می‌کند. ولی این حقیقت از دیدش پنهان است».

اگـــو خود را از نظـــر ما پنهان می‌کند به صورتـــی که به نظرمان می‌رســـد که ما و او یکی هستیم و ما را هربار به سوی لذت‌های خودخواهانه می‌کشد.

در حقیقـــت ماهیت ما لذت بردن اســـت و بـــس، ولی نه لذت‌های خودخواهانـــه به نحوی که فعلاً به نظرمان می‌رســـد. به صورت دیگـــر می‌توان گفـــت که اگوی ما، «ما» نیســـتیم و باید این دو را تشخیص داد و بین‌شان تمایز قائل شد.

هنگامی‌که که انسان بتواند این دو را از هم تشخیص دهد و مایل به کسب صفت نوع‌دوستی برای رسیدن به تعادل با قدرت طبیعت

گردد، او بلافاصله حمایت مثبت قدرت طبیعت را احساس خواهد نمود.

لازم به تذکر است که بین کوششی که برای انجام اعمال خودخواهانه و کوششی که برای انجام اعمال نوع‌پرستی صرف می‌شود تفاوت بی‌نهایتی وجود دارد. پس از آنکه انسان از صفت طبیعت بهره‌مند می‌شود، برای انجام اعمال نوع‌دوستی احتیاج به صرف انرژی نخواهد داشت، بلکه بالعکس این اعمال به راحتی و آسانی انجام شده و باعث لذت، شور و هیجان در زندگی می‌گردند.

اعمال الترویسم احتیاجی به انرژی ندارند بلکه خودشان انرژی تولید می‌کنند، زیرا قدرت الترویسم مانند خورشید عمل می‌کند که دائماً نور می‌افشاند و انرژی دائمی و بی‌پایان ایجاد می‌نماید. در مقابل آن، قدرت اگویزم دائماً احتیاج به پر شدن و گرفتن دارد، زیرا او دائماً در درونش احساس فقدان و کمبود می‌کند.

می‌توان این موضوع را به دو قطب مثبت و منفی باطری تشبیه کرد. در لحظه‌ای که انسان با قدرت مثبت یکسان گردد، احساس خواهد کرد که او نیز سرشار از انرژی و قدرت بی‌انتها است. او تبدیل به «سرچشمه»‌ای نامحدود می‌گردد که دائماً انرژی ایجاد کرده و پخش می‌نماید.

بنابراین همان‌گونه که بعل هسولام اظهار می‌نماید، مشکلی که در مقابل ما وجود دارد فقط ماهیت روانی است: چگونه از افکار اگویزم که به نظرمان می‌رسد که برای بهبود زندگی‌مان عمل می‌کنند جدا شویم و به افکار الترویزم بپیوندیم. طریقی که مطمئناً خواسته‌های ما بلافاصله برآورده خواهند شد و باعث لذت

نامحدودمان خواهند گردید. زیرا لذت واقعی و کامل با ارتباط با دیگران از طریق نوع‌دوستی کسب می‌گردد.

راهی به سوی آزادی

هر یک از ما در نهاد خویش، خود را شخصی منحصر بفرد، یگانه، و فوق‌العاده و با آزادی عمل می‌پندارد. نبردهایی که بشریت در طول قرن‌های طولانی برای بدست آوردن میزان خاص آزادی شخصی انجام داده، اتفاقی نیست. علاوه براین، واژهٔ آزادی برای سایر موجودات نیز پراهمیت است. می‌توان دید که حیواناتی که در اسارت هستند و آزادی‌شان از آن‌ها سلب شده، تا چه حد در رنج و عذاب هستند. کلیه این موارد تصویب می‌کنند که طبیعت با بندگی و بردگی موجودات مخالف است.

با این وجود، فهم واژه آزادی برای ما بسیار مبهم است و اگر بیشتر به عمق آن نفوذ کنیم پی می‌بریم که از این آزادی تقریباً چیزی باقی نمی‌ماند. زیرا قبل از آن‌که ما خواستار آزادی برای هر فرد باشیم، باید در نظر داشته باشیم که آن شخص کاملاً پی برده که آزادی و آرزو به آزادی چیست. در ابتدا باید این موضوع اصلی را در نظر بگیریم: آیا هر فرد قادر است که با خواست آزاد

عمل کند؟

زندگی میدان جنگ دائمی برای بدست آوردن فرمول و دستورالعمل سعادتمندی است. آیا هرگز از خود پرسیده‌ایم چه عواملی تحت کنترل ماست و بر چه تسلط نداریم؟ در واقع شاید در بیشتر مواقع سرنوشت ما از پیش تعیین شده و آن‌چه باید پیش آید پیش می‌آید، لیکن ما هم‌چنان به رفتار خود ادامه می‌دهیم گویا جریان و سررشته رویدادهای زندگی در دست ماست.

واژهٔ آزادی، مانند قانون طبیعت که تمام زندگی را در برگرفته است عمل می‌کند بنابراین رسیدن به آزادی آرزوی هر موجود است. باوجود این، طبیعت ما را از مواقعی که در آن‌ها آزادی انتخاب داریم و مواقعی که اختیار انتخاب فقط در وهم و خیال باطل ماست آگاه نمی‌سازد.

طبیعت ما را در تردید و درماندگی کامل قرار داده و حتی از امکان تغییر در درون‌مان یا در زندگی بطور کلی، مأیوس می‌سازد. ما حتی نمی‌توانیم حدس بزنیم در لحظهٔ آینده چه پیش خواهد آمد. به این نحو طبیعت ما را وادار می‌سازد تا ما جریان حرکت زندگی را متوقف سازیم و لحظه‌ای افکار خود را وقف پاسخ به این سؤال نماییم: بر چه ما می‌توانیم «اثر» بگذاریم. اگر عوامل درونی و خارجی را که زندگی ما را طرح‌ریزی می‌کنند بشناسیم، درک خواهیم نمود که طبیعت دقیقاً در کجا به ما امکان تسلط و دخالت در سرنوشت‌مان را می‌دهد.

لذت و رنج

لذت و رنج دو نیرویی هستند که به وسیلهٔ آن‌ها زندگی ما اداره می‌شود. طبع درونی ما، میل به لذت، ما را وادار می‌کند که بر

طبق دستور عملی که از نخست در درون ما قرار گذاشته شده عمل کنیم: حداکثر لذت در مقابل حداقل تلاش. بنابراین انسان دائماً مجبور است که لذت را انتخاب نموده و از رنج بگریزد و بنابراین اختلافی با موجودات دیگر ندارد و نمی‌توان تفاوتی بین او و سایر موجودات قائل شد.

علم روانشناسی به این امر آگاه است که می‌توان طریق محاسبه انسان را تغییر داد و به او آموخت از راه دیگری میزان سود خود را بسنجد. می‌توان سود را به حدی در نظر او بالا برد تا برای بدست آوردن سودی که در آینده عایدش می‌شود حاضر به تحمل مشقات زیادی گردد. برای مثال ما حاضریم برای آموزش و کسب حرفه سعی بسیاری بکنیم، زیرا در عاقبت این کوشش‌ها پر ثمر خواهند بود و درآمد و مرتبهٔ بالایی بدست خواهیم آورد.

تمام محاسبه‌های ما به اهمیت آن چه به نفع ماست بستگی دارد. ما میزان کوششی را که باید برای به دست آوردن چیزی صرف کنیم از میزان لذتی که از بدست آوردن آن حاصل می‌گردد کسر می‌کنیم و فقط در صورتی که باقی ماندهٔ آن مثبت باشد، حاضر به انجام عمل می‌شویم. یعنی محاسبهٔ قیمتی که اکنون می‌پردازیم در برابر سودی که درآینده عاید ما می‌شود. در حقیقت ما این گونه آفریده شده‌ایم.

تنها تفاوت بین انسان و جانداران دیگر آن است که انسان می‌تواند از قبل آینده و هدف آن را بنگرد و برای کسب مزد در آینده، حاضر است میزان معین مشقت، رنج و عذاب را تحمل نماید. اگر رفتار انسان را بررسی کنیم پی خواهیم برد که تمام فعل و انفعالات او از این طرز محاسبه سرچشمه گرفته شده و در واقع آن‌ها را بدون ارادهٔ خود انجام می‌دهد.

غیــر از این حقیقت که میل به لذت، ما را وادار به گریختن از رنج و عــذاب و گرایش به لذتی که در مقابل ما قرار دارد می‌نماید، ما قادر به انتخاب «نوع» لذت به صورت مطلق نیســتیم. تصمیم در بارهٔ آن‌که از چه لذت ببریم از انتخاب و خواســت آزاد ما صورت نمی‌گیرد و در دست ما نیست، بلکه خواسته‌ها و امیال دیگران بر روی ما اثر گذاشته و ما را وادار به انتخاب آن می‌نمایند. هر کدام از مــا در محیطی با قوانین و فرهنگ منحصر به آن محیط زندگی می‌کنیــم و نه تنها که آن‌ها طرز رفتار مــا را تعیین می‌کنند بلکه نحوه روابط و گرایش هر یک از ما به تمام جنبه‌های زندگی بر اثر این قوانین بنا گردیده شده است.

در حقیقت، مــا طریق زندگی خود و حتی زمینه‌های مورد علاقه، فعالیت‌هــای تفریحی، نوع غذا، مد و ســبک پوشــاک و غیره را انتخاب نمی‌کنیم. تمام آن‌ها بر اساس خواسته‌ها و سلیقهٔ اجتماع اطراف ما انتخاب می‌شــوند و در اکثر مواقع لزوماً نه به وســیلهٔ اشــخاص دانا و با کیفیت اجتماع، بلکه به وسیلهٔ اکثریت آن. در حقیقت ما در بند و زنجیر آداب و سلیقهٔ اجتماع هستیم که تبدیل به قوانین سلوک و رفتار ما شده‌اند.

نائل شــدن به اجــر و قدردانی از طرف اجتماع، محرک و ســبب انجام کلیهٔ اعمال ماســت. حتی هنگامی‌که می‌خواهیم متفاوت با دیگران باشــیم و عمل بخصوصی انجام دهیم که تاکنون کســی موفق به آن نشده، یا چیزی کسب کنیم که کسی بدست نیاورده و حتی کناره‌گیری و دوری از اجتماع، دلیل اصلی همهٔ این‌ها کسب تقدیر اجتماع از ماست. افکاری مانند: «مردم چگونه در بارهٔ من صحبــت خواهند کرد»، یا «مردم چگونه به من فکر خواهند کرد»، «عقیدهٔ مردم در بارهٔ من چیست»، مهم‌ترین عامل انفعال ماست

با وجود آن‌که ما اغلب اوقات آن را انکار و رد می‌کنیم زیرا اقرار به آن، گویا وجود «نفس خودمان» را باطل می‌کند.

در چه موردی اختیار انتخاب داریم؟

از آن‌چه تا کنون گفته شده، این سئوال پیش می‌آید: اگر آزادی انتخاب وجود دارد، در کجا می‌توان آن را یافت؟ برای پاسخ به این سئوال، در ابتدا باید دریابیم که ماهیت ما چیست و از چه عناصری بنا شده‌ایم. در مقالهٔ «آزادی» که در سال ۱۹۳۳ نگاشته شده، بعل هسولام توضیح می‌دهد که در واقع در هر چیز و هر انسان چهار عامل وجود دارند که او را مشخص و معین می‌کنند. برای روشن نمودن این عوامل، او صورت تکامل دانهٔ گندم را مثال می‌زند. دوران تکامل گندم را می‌توان به راحتی دید و دنبال کرد و می‌تواند کمک بزرگی برای درک کامل این موضوع باشد.

۱- مادهٔ اولیه - ماهیت درونی:

مادهٔ اولیه، ماهیت درونی است که در هر چیز وجود دارد. با وجود آن‌که می‌تواند شکل و صورت مختلف داشته باشد، ولی خود ماده هرگز تغییر نمی‌کند. مثل دانه گندمی که در زمین کاشته شده در ابتدا می‌پوسد و صورت خارجی آن کاملاً ناپدید می‌شود لیکن از ماهیت درونی آن، نهال تازه‌ای می‌شکوفد. مادهٔ اولیه، ماهیت - اساس، رمز ژن ما (genetic code) - از قبل در درون ما قرار داده شده و بنابراین هرگز نخواهیم توانست بر آن اثری بگذاریم یا آن را تغییر دهیم.

۲- صفاتی که غیرقابل تغییر هستند:

قوانین تکاملی ماهیت هرگز تغییر نمی‌کنند و از این قوانین، صفت‌های غیر قابل تغییر در هر چیز سرچشمه می‌گیرند.

برای مثال، دانه گندم که در زمین کاشته شده، هرگز نوع دیگری از غلات را به غیر از گندم ایجاد نخواهد کرد. آن هرگز به جو تبدیل نخواهد شد بلکه پس از ازدست دادن صورت قبلیش در خاک بار دیگر به صورت گندم ظاهر خواهد شد.

این قوانین، و صفت‌هایی که از این قوانین ناشی شده‌اند، از قبل بوسیلهٔ طبیعت تعیین گشته‌اند. هر بذر، هر جاندار و هر انسان در درون خود شامل قوانین تکاملی ماهیت خود هستند. این عامل دومی است که ما از آن تشکیل شده‌ایم و نمی‌توانیم بر روی آن اثری بگذاریم.

۳- صفاتی که با اثر محیط، قابل تغییر هستند:

دانه گندم همواره همان نوع دانه باقی می‌ماند، لیکن صورت خارجی آن بر طبق محیط خارج تغییر می‌کند، یعنی کیفیت پوشش ماهیت، بنابر اثر عناصر خارج و بر طبق قوانین معین، تغییرات بخصوصی می‌یابد. اثر محیط و اطراف خارج باعث می‌گردد که عوامل دیگری به ماهیت اضافه شوند و با یکدیگر کیفیت تازه و مخصوصی در همان ماهیت ایجاد کنند. این عوامل می‌توانند آفتاب، نوع خاک، کود، رطوبت، باران و غیره باشند. آن‌ها صورت و مشتقات رشد نهال گندم و کمیت و کیفیت گندم‌هایی که از آن نهال بوجود خواهند آمد را تعیین می‌کنند.

به همین نحو انسان: محیط خارج او می‌تواند والدین، مربیان، دوستان و همکاران، کتاب‌هایی که مطالعه می‌کند، و پیام‌ها و متن‌هایی که از مخابرات (ارتباطات) فرا می‌گیرد باشد. بنابراین عامل سوم، قوانینی هستند که بر اساس آن‌ها محیط بر انسان اثر گذاشته و باعث تغییر صفت‌هایی که قابل تغییر هستند می‌شوند.

۴- تغییراتی که در محیط صورت می‌گیرد بر هر چیز تأثیر می‌گذارد:

محیطی که در مراحل رشد گندم اثر می‌گذارد خودش نیز تحت تأثیر عوامل خارجی قرار دارد و امکان دارد که در آن‌ها نیز تغییرات شدیدی پیش آید. مثلاً خشک‌سالی یا سیل باعث نابودی کلیهٔ دانه‌های کاشته شده می‌گردد. در انسان نیز در واقع عامل چهارم همان تغییرات محیط هستند که بر انسان اثر می‌گذارند و باعث تغییر صفاتی که قابل تغییر هستند می‌شوند.

به وسیلهٔ این چهار عامل، چگونگی و کیفیت کلی هر چیز معین می‌شود. این عوامل شخصیت و سیرت، طرز فکر و صورت و مراحل نتیجه‌گیری ما را و حتی امیال و طرز عمل ما را در هر لحظه و حالت تعیین می‌کنند. در مقالهٔ «آزادی»، بعل هسولام هر یک از این عوامل را بصورت عمیق مورد بحث قرار می‌دهد و به این نتایج می‌رسد:

- انسان قادر نیست ریشه خود، رمز ژنتیکی و ماهیت خود را تغییر دهد.
- انسان قادر نیست قوانینی را که بر اساس آن‌ها ماهیت او به تکامل می‌رسد تغییر دهد.
- انسان قادر نیست قوانینی را که بر اساس آن‌ها عوامل خارجی بر روی تکامل او اثر می‌کنند تغییر دهد.
- انسان قادر است محیطی را که در آن قرار دارد و کاملاً به آن وابسته است با محیطی بهتر برای پیشرفت خود عوض کرده تا به هدف اصلی زندگیش نائل گردد.

به صورت واضح‌تر می‌توان گفت که ما نمی‌توانیم بطور مستقیم اثری به روی خودمان بگذاریم زیرا ما ماهیت و طریقی که ماهیت

ما به تکامل می‌رسد را نمی‌شناسیم. همچنان قادر به تغییر دادن قوانین محیطی که بر ما اثر می‌گذارند نیستیم. ولی با وجود این می‌توانیم با بهتر کردن محیط حیات، بر زندگی و سرنوشت خود اثر بگذاریم. تنها آزادی انتخاب ما برگزیدن محیط مناسب و درست است. اگر بتوانیم تغییراتی در وضعیت اطراف خارج ایجاد کنیم و محیط خودمان را بهبود دهیم، تأثیر محیط را به صفاتی که قابل عوض شدن هستند تغییر می‌دهیم و به این نحو خواهیم توانست که آیندهٔ خود را تعیین نماییم.

در بین تمام درجه‌های طبیعت: جامد، گیاه، جاندار و انسان، انسان تنها موجودی است که می‌تواند با آگاهی کامل محیطی را که امیال، افکار و اعمال او را معین می‌کند، انتخاب نماید. اگر محیطی داشته باشیم که بتواند زمینهٔ مناسبی برای پیشرفت و تکامل ما باشد، به نتایج عالی و بی‌نظیری خواهیم رسید.

انجام انتخاب آزادانه

نتیجه‌گیری از چهار عاملی که انسان از آن‌ها تشکیل می‌شود نشان می‌دهد که در واقع ما بوسیلهٔ دو منبع یا منشاء اداره و هدایت می‌شویم: عوامل و عناصر درونی که با آن‌ها متولد شده‌ایم و عوامل، معلومات و اطلاعاتی که در طول عمر از محیط اطراف کسب می‌نمائیم.

موضوع جالب این است که علم نیز به نتایج مشابهٔ رسیده است. از آغاز سال‌های ۹۰ قرن بیستم، زمینهٔ پژوهش در بارهٔ سلوک و طرز عمل ژن‌ها، پیشرفت بسیاری کرده است. این زمینهٔ علمی، ارتباط ژن را با صفات، شخصیت و رفتار آگاهانه (Cognitive) انسان‌ها مانند عصبانیت، زودرنجی، حادثه‌جویی، کم‌رویی، خشونت‌گری، گرایش‌های جنسی و غیره بررسی می‌کند. یکی از معروف‌ترین پژوهش‌گران جهان در این زمینه، پرفسور «ریچارد ابشتین»، معتقد است که ژن‌ها نیمی از صفات و روش انسان را معین می‌کنند و نیم دیگر بوسیلهٔ محیط و اطرافیان تعیین

می‌گردد.

به دلیل آنکه ما قادر به تغییر نهاد درونی‌مان نیستیم، بنابراین باید به عامل دوم که پیشرفت و تکامل ما به آن بستگی دارد، یعنی محیط زندگی‌مان رجوع کنیم. تنها راه رسیدن به هدف زندگی، انتخاب محیط مناسبی است که ما را به سوی این مقصود رهنمون نماید. در مقالهٔ «آزادی» بعل هسولام این چنین توضیح می‌دهد: «کسی که در طول عمر خود کوشش نموده و هر بار محیط بهتری را انتخاب می‌کند، لایق ستایش و پاداش است. ولی نه بخاطر افکار و اعمال نیکش که به هر حال بدون اختیار او انجام می‌گیرد، بلکه بدلیل کوشش و تلاشی که برای رسیدن به محیط مناسب که او را وادار به انجام این افکار و اعمال می‌کند، صرف می‌نماید».

افرادی که تمام قدرت و افکارشان را صرف انتخاب و ایجاد محیط مناسب برای ترقی و تکامل صحیح می‌نمایند می‌توانند از پتانسیل و استعداد درونی‌شان بهره‌گیری کنند. درک و اجرای این اصل، ملزوم به سطح آگاهی بالاست. ولی به نظر می‌رسد که اکنون بیشتر ما در این سطح قرار داریم.

اگر بخواهیم که طرز رفتارمان را از خودپرستی به نوعدوستی تبدیل کنیم، باید خودمان را در موقعیتی قرار دهیم که میل ما به توجه بهبود وضع دیگران و پیوند با آن‌ها بیشتر از هر خواسته خودخواهانهٔ ما باشد. این امر هنگامی رخ خواهد داد که محیطی که در آن قرار داریم، نوعدوستی را در رأس ارزش‌های اجتماعی و در والاترین نقطه افکار و رفتار خود قرار دهد.

ما موجوداتی اجتماعی و خودخواه آفریده شدیم و برای ما چیزی مهم‌تر از نظریه و عقیدهٔ اطرافیان در بارهٔ ما نیست. در واقع هدف زندگی ما نائل شدن به تقدیر و ستایش اجتماع است. ما بی‌اختیار و بطور کامل تحت تسلط عقاید اجتماع قرار داریم و در مقابل بدست آوردن قدردانی، احترام، ستایش و شهرت حاضریم هر عملی را انجام دهیم و هر قیمتی را بپردازیم. بنابراین اجتماع می‌تواند صورت‌های مختلف رفتار و ارزش‌های اجتماعی و معنوی را به افراد خود اهداء کند.

علاوه بر این اجتماع بنا کنندهٔ معیاری است که بر طبق آن میزان ارزش و احترام شخصی، معین می‌شود. بنابراین حتی هنگامی‌که ما تنها هستیم بر طبق قواعد و اصول اجتماع عمل می‌کنیم. می‌توان گفت که حتی اگر کسی از اعمال مثبت ما باخبر نشود، بهرحال برای احساس کردن ارزش شخصی، ما این اعمال را انجام خواهیم داد.

برای آن که شروع به بنیاد یک نیاز جدید، یعنی احتیاج به توجه به بهبود وضع بشر و ایجاد همبستگی و پیوند با یکدیگر مانند اعضای یک پیکر و یک سیستم، باید در جامعه‌ای باشیم که این ارزش‌ها را شناخته و از این امر پشتیبانی می‌کند. اگر اطرافیان ما ارزش نوعدوستی را واقعاً شناخته و آن را به طرز بزرگوارانه احساس کنند، هر یک از ما مجبور خواهیم شد که از آن به صورت یک امر طبیعی اطاعت کرده و خود را با آن وفق دهیم.

بهترین و دلخواه‌ترین موقعیت هنگامی است که اطرافیان ما دائماً این احساس را به ما بدهند: «برای بدست آوردن تعادل و توازن با طبیعت، با دیگران و با سیستمی که عضوی از آن هستی به خوبی رفتار نما». هنگامی‌که ارزش و میل به نوعدوستی در جامعه کاملاً

آشکار و احساس شود ما این ارج را از دور و بر خود فرا خواهیم گرفت. اگر به هر سویی که رو می‌کنیم و با هر کس که برخورد می‌کنیم ارزش نوع‌دوستی را یادآوری نماییم، طرز رفتار ما بطور مثبت تغییر خواهد کرد. هر چه که بیشتر در این باره بیندیشیم، رفته رفته میل ما به بودن عضوی سالم در یک سیستم یا پیکر بیشتر خواهد شد.

می‌توان محیط را به جرثقیلی تشبیه کرد که هر بار ما را به درجه والاتری می‌رساند. بنابراین تفکر، جستجو و بررسی محیط مناسب، اولین قدم هر یک از ما برای پیش‌روی به سوی هدف زندگی است.

همان‌طور که قبلاً گفته شد، نیروی تفکر قوی‌ترین قدرت در طبیعت است. بنابراین اگر آرزو داشته باشیم که در محیط بهتری باشیم، قدرت درونی‌مان ما را به سوی افراد، مربی‌ها، کتاب‌ها یا بطور خلاصه به محیطی که به ما امکان پیشرفت وتکامل را می‌دهد هدایت خواهد کرد. هر قدر که بیشتر به بهبودی دادن محیط زندگی‌مان متمرکز شویم، هر بار امکانات و فرصت‌های مناسب‌تری برای رسیدن به آرزوهای‌مان نمایان گشته و درهای تازه‌ای بر روی ما گشوده می‌شود.

هنگامی‌که که محیط ما شامل افرادی باشد که به توازن و تعادل با طبیعت گرایش داشته باشند، می‌توانیم از آن‌ها درس عبرت، دلگرمی و قدرت بگیریم. آن‌ها درک خواهند کرد که قصد ما نیز انجام رفتار دوستانه و مهربانانه است و به ما خواهند آموخت چگونه عمل کنیم. به این نحو در حین «تمرین»، معنی همانندی و یکسانی با قدرت طبیعت را خواهیم آموخت و مزیت زندگی با عشق و محبت و لذت از آن را احساس خواهیم کرد. کسی که با

قدرت طبیعت توافق داشته باشد، در فشار نخواهد بود. بنابراین در چنین مکانی همیشه احساس حمایت، نشاط و آسایش خواهیم کرد. در واقع، طبیعت کلیهٔ بشریت را به این نوع زندگانی رهنمون می‌نماید.

تقلید و پیروی از طبیعت

تلاش ما برای توجه و رسیدگی به دیگران و همبستگی با آن‌ها هم‌چون اعضای یک پیکر، و فعالیت‌های ما برای بالا بردن سطح آگاهی اجتماع به این موضوع، در واقع باعث خواهند شد که با صفات عشق، محبت و بخشایش طبیعت، همانند شویم.

البته این هنوز اصلاح درونی طبع خودپرستی ما نیست، ولی اولین گامی است که در این مرحله برداشته می‌شود و ما مانند کودکانی که اعمال والدین‌شان را تقلید می‌کنند، از طبیعت تقلید می‌نماییم. باوجود آن‌که کودکان اعمال والدین‌شان را درک نمی‌کنند ولی برای شبیه بودن با آن‌ها، از آن‌ها تقلید می‌کنند. مثلاً پسر بچه‌ای که مشاهده می‌کند که چگونه پدرش میخ را با چکش می‌کوبد، او نیز با چکش پلاستیکی همان عمل را انجام می‌دهد، به این نحو رفته‌رفته ترقی کرده و معلومات و هنر پدرش را فرا می‌گیرد. اگر ما نیز سعی کنیم که صفات محبت و بخشایش طبیعت را تقلید نماییم این عمل به ما کمک می‌کند تا در نهاد درونی خود به درجهٔ والاتری برسیم.

توجه و رسیدگی به بهبود وضع بشر می‌تواند از دو انگیزهٔ اصلی سرچشمه بگیرد:

- نائل شدن به احترام و قدردانی از طرف اجتماع.
- آگاهی حقیقی و درونی به این امر که صفت محبت و

بخشــایش به بشـــر، برتر از صفت خودخواهی و تقدیر شخصی است.

«تقلیـد» از طبیعـت مانند کودکـی که بــدون درک کامل، اعمال والدینش را تقلید می‌کند، معنایش رسـیدگی به بهبود وضع بشر بخاطر انگیزهٔ اول، انگیزهٔ نائل شـدن به قدردانی است. این چنین تقلید، در اساس سیستم تکامل و رشد انسان قرار دارد و بدون آن پیشرفت در زندگی غیر ممکن است.

در ابتدا هدف ما از رسیدگی به بهبود وضع دیگران، لذت بردن از تقدیر و تمجید اجتماع به ماست ولی به تدریج احساس خواهیم کـرد که این رابطه و رفتار نوعدوسـتانه، خود نیز امری بسـیار فوق‌العاده و والاست، حتی بدون ارتباط با بدست آوردن قدردانی از طرف اجتماع. ما درک خواهیم کرد که روش و رفتار نوعدوستی سرچشـمهٔ لذت کامل و بی‌انتهاسـت، زیرا به این صورت به راز قدرت طبیعت که قدرتی کامل و بی‌انتهاست پی خواهیم برد.

می‌توان گفت که در حیـن تلاش‌مان برای تقلید از قدرت طبیعت، احسـاس خواهیم کرد کـه طبیعت خود یک قدرت کامل اسـت. این احسـاس باعث تغییر درونی ما خواهد شـد: رفته‌رفته درک خواهیم کرد که صفت محبت و بخشایش صفتی والاتر، اصیل‌تر و باشـکوه‌تر از طبـع اصلی ما یعنی طبع خودپرسـتی اسـت و بنابراین مشتاق آن خواهیم بود. به این صورت به درجه عالی‌تری از صفاتی که با آن خلق شـده‌ایم، به درجهٔ قدرت طبیعت صعود کرده و با توازن، هماهنگی و کمال آن یکسان خواهیم شد. قانون سیر تکاملی طبیعت، افراد بشر را به مسیر نوعدوستی و توازن و هماهنگی رهنمون می‌سازد.

جهت جدید

در لحظه‌ای که انسان شروع به رسیدن به تعادل و هماهنگی با قدرت طبیعت می‌کند، میزان فشاری که برای تغییر دادنش بر او وارد می‌آید کاسته می‌شود و در نتیجه پدیده‌های منفی و نامطلوب زندگیش نیز کم می‌شوند.

در حقیقت از نظر طبیعت هیچ‌گونه تغییری روی داده نمی‌شود؛ بلکه این خود انسان است که عوض می‌شود و در نتیجهٔ این تغییرات، در درون خود حس می‌کند که اثرات قدرت طبیعت بر روی او تغییر کرده‌اند. زیرا انسان به صورت خاصی بنا شده که به‌نظرش می‌رسد که این تغییرات خارج از او روی می‌دهد و نه در درون خودش. به این صورت واقعیت در حواس پنجگانه و در مغز انسان درک می‌شود. (بخشی از کتاب را به موضوع «واقعیت کمال و ابدیت» اختصاص می‌دهیم).

بهر حال قدرت طبیعت ثابت و تغییرناپذیر است. اگر ما صددرصد با قدرت طبیعت یکسان باشیم کمال و تمامیت آن را حس خواهیم کرد و برعکس، اگر کاملاً متضاد با آن باشیم احساس خواهیم کرد که این قدرت کاملاً بر ضد ماست. در فاصله این دو نقطه ما هر بار مراحل میانی را طی می‌کنیم.

امروزه مغایرت بین ما و قدرت نوع‌دوستی طبیعت هنوز کامل نشده زیرا صفت خودخواهی ما هنوز به بالاترین درجهٔ تکامل نرسیده یعنی سطح پدیده‌های منفی زندگی‌مان نیز هنوز به پایین‌ترین درجه نرسیده. به همین دلیل برخی از ما فعلا بحران کلی را که سراسر جهان با آن مواجه است احساس نمی‌کنند و عقیده دارند که وضع ما آن‌چنان بد نیست.

روز به روز خودپرستی ما بیشتر شده و اختلافی را که بین ما و قدرت طبیعت وجود دارد شدیدتر می‌نماید. برای جلوگیری از تحمل زجری که شامل این امر است باید هر چه زودتر جهت پیشرفت‌مان را عوض کرده و به سوی روش نوع‌دوستی قدم برداریم.

اگر این چنین رفتاری را در پیش بگیریم بلافاصله واکنش نیک و مثبت آن را در کلیه سطح‌های زندگی‌مان احساس خواهیم کرد. برای نمونه، پدری را در نظر بگیریم که از رفتار فرزندش ناراضی است و واقعاً از این موضوع رنج می‌برد و سعی می‌کند با نصایح خود او را به راه درست هدایت کرده و باعث تغییر رفتارش شود. عاقبت آن‌ها به توافق رسیده و فرزند روش تازه و صحیحی را در زندگی شروع کند و رفتار بهتر و شایسته‌تری داشته باشد. در لحظه‌ای که فرزند موفق به اصلاح روش خود گردد و رفتارش را حتی به میزان کمی بهبود بخشد عکس‌العمل و طرز برخورد پدرش با او بلافاصله تغییر مثبت خواهد کرد.

هنگامی‌که افراد بیشتری شروع به توجه به رابطهٔ صحیح بین افراد بشر نمایند و به آن مانند مهم‌ترین امری که زندگی‌شان کاملاً به آن بستگی دارد بنگرند، این توجه و رسیدگی مشترک تبدیل به عقیدهٔ اجتماع خواهد گشت و بر سایر انسان‌ها نیز اثر مثبت خواهد گذاشت. ارتباط درونی که بین کلیهٔ افراد بشر وجود دارد باعث خواهد شد که فوراً هر فرد حتی در دور افتاده‌ترین نقطهٔ جهان پی ببرد که او با سایر انسان‌ها ارتباط و بستگی دارد در بارهٔ احتیاج و وابستگی متقابل و دوجانبه بین خود و کلیه افراد بشر بیاندیشد.

علوم گوناگون، بخصوص علم فیزیک کوانتوم (quantum

physics) ثابت می‌کنند که تغییراتی که در یک جزء روی می‌دهد بر سایر اجزاء اثر می‌گذارد.

آزمایش‌هایی که پرفسور اروین لاسلو در بارهٔ این موضوع انجام داده نشان می‌دهند که هر ذره از اتفاقاتی که در ذره‌های دیگر پیش می‌آید کاملاً «آگاه» است و اطلاعات در بارهٔ تغییراتی که در آن‌ها روی می‌دهد بلافاصله در سراسر اطراف پخش می‌گردد. اکنون علم فیزیک به این امر آگاه است که با وجود آن‌که ذره‌ها از لحاظ زمان و مسافت از یکدیگر جدا هستند ولی بین آن‌ها رابطه‌ای متقابل و ثابت وجود دارد و هر ذره به ذرهٔ دیگر وابسته است. این پدیده، کوچک‌ترین تا بزرگ‌ترین تشکیلات جهان را در برمی‌گیرد.

بدین‌گونه امروزه علم آشکار می‌کند که همه چیز مربوط به ژن‌ها و تأثیرات محیط بر انسان است و به او کمک می‌کند که از رویای «من خودم تصمیم می‌گیرم و به زندگیم تسلط دارم» بیدار شود. بخصوص اکنون یافتن آزادی واقعی امکان‌پذیر می‌گردد. ما می‌توانیم از اسارت و بردگی صفت خودپرستی رها شویم و با ایجاد محیطی که به ما امکان تقلید و پیروی از قدرت طبیعت را می‌دهد به کسب صفت نوع‌دوستی نائل شویم.

بزرگ‌ترین پژوهش‌گران جهان همیشه به این موضوع آگاهی داشته‌اند که هر قدر که انسان خردمندتر می‌شود پی می‌برد که حکمت شگفت‌انگیزی در طبیعت نهفته شده است و کلیه اکتشافات ما نشان می‌دهند که ما فقط «نتیجه و شاخه‌ای» از این حکمت بی‌همتا که در تمام واقعیت وجود دارد هستیم و جالب این‌که فقط و فقط هنگامی‌که آمادگی درک و بدست آوردن آن را داشته باشیم پدیدار می‌شود. در نقل‌قولی از آلبرت اینیشتن در آگهی

درگذشــت وی - در نیویورک تایمز مورخ ۱۹ آوریل ۱۹۵۵ - چنین آمده است:

«دین من از تحسین و تمجید مطیع و فروتنانه به روح والا و بی‌پایان تشکیل شــده، روحی که خود را در اجزاء و اجســام بی‌اهمیت تا جایی که ما توانایی درک آن را در مغز سست و ناتوان‌مان داریم، نشان می‌دهد. این ایمان عمیق و پرشــور به پیشگاه قدرت خرد و عقل والا که در جهان غیرقابل درک و نامفهوم ظاهر می‌شود، نمایانگر پروردگار من است».

راه طولانی و راه کوتاه

دارا شدن به صفت نوعدوستی هدف زندگی ماست و ما با فشار قانون تحول طبیعت به وســیله اگویزم، به سوی آن راهی هستیم. هدف طبیعت آن اســت که ما به ضرورت اصلاح خود پی ببریم. اصلاحی که به ما امکان می‌دهد که با خواست مستقل و آگاهانه، خود را تکمیل نماییم، و با موافقت با این مراحل، طرز رفتارمان را با دیگران تغییر دهیم. بنابراین در مقابل هر یک از ما دو مسیر وجود دارد و ما می‌توانیم یکی از آن‌ها را انتخاب کنیم:

- با پــی بردن به این موضوع که صفت خودپرستی ما مضر و بــر خلاف طریق طبیعت یعنی صفت نوعدوســتی اســت و بــا آموزش روش اصلاح آن، مراحل تحــولات را طی کرده و پیشرفت نمائیم.

- منتظر شویم تا فشار سختی و زجر که از ناهماهنگی با قدرت طبیعت سرچشمه می‌گیرد، ما را برخلاف خواست‌مان وادار به جستجوی طریقی برای اصلاح‌مان نماید.

اصلاح صفت خودخواهی و خودپرستی با گریختن از فشار و رنج حتمی است، لیکن به ما فرصت داده شده است که نخست مراحل پیشرفت خود را انتخاب نموده و با شناسایی مضرات صفت اگویزم بر آن تسلط یابیم و به این نحو به سرعت و آسانی به هماهنگی و توازن با قانون کلی طبیعت، قانون الترویزم، قانون محبت و بخشش برسیم. این دو راه پیشرفت بشریت، «طریق اصلاح» و «طریق رنج» نام دارند.

بدون تردید طبیعت «پیروز» خواهد گشت و ما در نهایت تمام قوانین او را انجام خواهیم داد. ولی اکنون سئوال این است که چه راهی را برای رسیدن به تکامل انتخاب خواهیم کرد. اگر ترجیح دهیم که با خواست خودمان، قبل از احساس اجبار رنج و مشقت، به سوی تعادل و توازن گام برداریم چه بهتر، وگرنه، ضربه‌های سختی که بر پشت ما وارد می‌آید به ما نوع دیگری از انگیزه و تحرک (motivation) را خواهند داد و ما را تحریک به پیشرفت خواهند کرد. جالب است که کلمه موتیو (motive) به زبان لاتین (stimulus) خوانده می‌شود که معنای آن چوب سر تیزی است که به وسیله آن چهار پایان را از پشت سیخک می‌زنند تا با سرعت بیشتری پیش روند!

در واقع به نظر می‌رسد که برای درک و احساس کیفیت تعادل و توازن با طبیعت، که بهترین وضعیت واقعیت است، ما باید قبلاً وضع معکوس آن، یعنی بدترین وضعیت واقعیت را تجربه نماییم. زیرا ما معمولاً با مقایسه دو صورت متضاد چیزی، موفق به درک آن می‌گردیم: نور در مقابل تاریکی، سیاهی در مقابل سفیدی، تلخی در مقابل شیرینی و غیره. لیکن ما می‌توانیم این وضع پر مشقت را به دو طریق درک و تجربه نماییم. طریق اول: بودن به

صورت واقعی و عملی در آن. طریق دوم: تصور کردن آن در خیال و افکار خود. این دلیلی است که ما موجوداتی حساس، هوشمند و منطقی آفریده شده‌ایم.

ما می‌توانیم معنای وحشتناک ناهماهنگی و عدم تعادل کامل بین خود و طبیعت را بدون تجربه عملی و واقعی آن، در نظر خود تصور کنیم. در «تلمود بابلی» نوشـته شـده: «چه کسـی داناست؟ آن که آینده را می‌بیند». اگر ما بتوانیم بدترین واقعیت را قبل از رسیدن به آن به طور واضح تصور نماییم، این تصور قدرتی خواهد بود که به موقع ما را از سختی و زیان آینده بسوی آینده‌ای درخشان خواهد رسـاند. بدین‌گونه از مشقت عظیم جلوگیری نموده و با گام‌های سـریع به سوی تکامل پیش خواهیم رفت. انتشار دلیل مشقات و مشـکلات و طریق رهایی یافتن از آن و رسـیدن به زندگی جدید، باعث تسریع پیشرفت بشریت در راه اصلاح خواهد گردید.

تغییـر طرز رفتار ما با دیگران، تمـام طبیعت را به توازن خواهد رساند.

ما به آسـانی می‌توانیم درک کنیم که تغییر طرز رفتار انسـان با دیگـران ما را به رفع مشـکلات درجه ما یعنی درجه انسـانی - اجتماعی هدایت خواهد نمود. بنابراین جنگ و جدل پایان خواهد یافت و ترور، خونریزی، عداوت و خشونت بین افراد بشر به اتمام خواهـد رسـید و وضـع روحی کلی بهبود خواهد یافت. لیکن تکلیف بحرانی که اکنون هم‌چنان در درجه‌های دیگر طبیعت: جامد، گیاه و جاندار رخ می‌دهد چیست؟ چگونه وضعیت آن‌ها بهبود خواهد یافت؟ به نظر می‌رسـد کـه برای مراقبت و نجـات وضع زمین، آب، هوا، گیاهان و جانداران ما باید بطور مسـتقیم به آن‌ها کمک کنیم.

بنابراین باعث تعجب است که روش اصلاحی که حکمت کبالا عرضه می‌کند فقط به طرز رفتار بین افراد بشر متمرکز گشته و وضعیت طبیعت را فقط به این موضوع ارتباط می‌دهد. آیا اصلاح روابط خودخواهانه بین افراد بشر بر وضعیت درجه‌های دیگر اثر گذاشته و باعث رفع مشکلاتی مانند خطر اکولوژی (محیط زیست) و کمبود منابع طبیعی که ما را تهدید می‌کنند خواهد گردید؟

در این جا باید بدانیم که نیروی نوعدوستی، نیروی یکتایی است که در آن قسمت‌بندی وجود ندارد بلکه فقط با برخورد و ارتباط با ما، به ماهیت جامد، گیاه، جاندار و متکلم (انسان)، یعنی درجه‌های مختلفِ اثر آن بر ما، تقسیم می‌گردد.

برای مثال در درجه جامد، اثر آن را از جانب زمین احساس می‌کنیم؛ در درجه گیاه از طریق درخت‌ها و سبزه‌ها؛ در درجه جاندار از طریق حیوانات و جسم ما و در درجه انسان (متکلم) از طریق اجتماع و اطرافیان ما، بر ما اثر می‌گذارد. در واقع این همان نیرویی است که حواس پنج‌گانه ما، به طوری‌که در دنباله این مقاله خواهیم دید، آن را به نیروهای بی‌شمار و درجات دیگر تقسیم نموده و هنگامی به بالاترین نقطه توازن و تعادل با نیروی نوعدوستی خواهیم رسید که تمام افکار، امیال و هدف‌های خود را با آن یکی کنیم. این درجه تعادل، «درجه متکلم» نامیده می‌شود.

اگر دیگران را دوست داشته باشیم، اگر بشریت مانند یک مجموعهٔ واحد زندگی کند و انسان‌ها مانند اعضای یک پیکر به یکدیگر پیوسته باشند، تعادل و توازن بین ما و این قدرت در بالاترین درجه ایجاد می‌گردد و در نتیجه این قدرت با درجه‌های پائین‌تر نیز متوازن خواهد گردید. بنابراین تمام پدیده‌های منفی اعم از ناهماهنگی، مشقت و کمبودی‌هایی که اکنون در درجه‌های جامد،

گیاه، جاندار و اجتماع بشــر احســاس می‌گردند متوقف خواهند شد.

لیکن هنگامی‌که انسان بدون ایجاد توازن با قدرت طبیعت، سعی می‌کنــد که طرز رفتارش را با درجه‌های پائین‌تر یعنی درجه‌های جامد، گیاه و جاندار اصلاح کنــد، بهرحال او این ناهماهنگی را احساس خواهد کرد.

برای مثل، اگر با درجه جامد طبیعت، به صورت مثبت و صحیح و دوستانه رفتار کنیم و به زمین و لایه اوزون و غیره آسیب نرسانیم، در درجه جامد تعادل ایجاد خواهد شد، لیکن در درجه‌های گیاه، جاندار و متکلم هنوز ناهماهنگی وجود خواهد داشت. البته تغییر مثبتی از سوی قدرت طبیعت پیش خواهد آمد ولی این تغییر بسیار جزئی و محدود خواهد بود.

هم‌چنین با رفتــار مثبت با درجه گیاه، تعادل بیشــتر با طبیعت ایجــاد خواهد گردید و در نتیجه وضعیت ما کمی بهبود و آرامش خواهد یافت. به همین صورت رفتار دوستانه ما با درجه جاندار، در وضعیت ما تأثیر خواهد گذاشــت و آن را اندکی بهبود خواهد بخشــید. لیکن آن‌چه که بدســت خواهیم آورد در مقابل توازن و تعادل ما در درجه متکلم ناچیز اســت. زیرا ما انســان‌ها درجهٔ متکلم هســتیم و به همین دلیل درجهٔ «متکلم» ما باید به توازن و تکامل برسد.

حتی اگر این موضوع را قبول نکنیم و با تمام قدرت خود سعی کنیم که فقط با ارتباط با جامد، گیاه و جاندار توازن ایجاد نمائیم موفق به بهبود کامل وضعیت‌مان نخواهیم شد زیرا تمام کوشش‌های ما بــرای این منظور با هدف قدرت طبیعت متضاد اســت. این مانند

شخص بالغی است که در زندگی همچون کودکی رفتار می‌کند و از توانایی، کاردانی و استعداد خود چشم‌پوشی می‌نماید. کاملاً واضح است که طرز رفتار او باعث نخواهد شد که قدرت طبیعت، استعداد و نیروی او را در نظر نگیرد و با او مانند کودک رفتار کند، حتی اگر آن شخص به استعداد و قدرتی که طبیعت به او عطا کرده پی نبرده باشد. هدف قدرت طبیعت رساندن هرجزء به توازن کامل است و این توازن هنگامی حاصل خواهد گردید که طرز رفتار انسان با دیگران به نوع‌دوستی و الترویزم تبدیل شود. بنابراین قانون توازن که تمام مراحل هستی را پیش می‌راند، به ما فشار می‌آورد تا بخصوص در درجهٔ متکلم به توازن برسیم زیرا رسیدن به زندگی راحت و مطمئن بوسیلهٔ ایجاد توازن با درجه‌های پایین‌تر امکان‌پذیر نخواهد بود.

در واقع تا لحظه‌ای که ما ارتباط دوستانه و الترویزم بین افراد بشر ایجاد نکنیم، اثر ثابت و یکتای قدرت طبیعت را به نحو منفی احساس خواهیم نمود و همان‌طور که قبلاً گفته شد، به دلیل آن‌که در حواس ما این قدرت به درجه‌های مختلف تقسیم می‌شود، بنابراین سایر درجه‌های هستی نیز در دشواری و مشقت قرار خواهند داشت. در حینی که ما سعی می‌نماییم با مشکل بخصوصی، مثلاً بحران محیط زیست، مبارزه کنیم، فوراً مشکلات فراوان دیگری از اطراف پدیدار می‌گردند.

ما نمی‌توانیم به خودمان اجازه دهیم که با تمرکز به درمان درجه‌های پایین‌تر طبیعت، از رسیدگی به مشکل واقعی‌مان یعنی اصلاح رفتار خودخواهانه و خودپرستی بین افراد بشر بگریزیم. وضعیت طبیعت با این موضوع ارتباط دقیق دارد و اگر واقعاً بخواهیم که طبیعت بهبود کامل یابد، اصلاح رفتارمان تنها طریق برای رسیدن به این آرزو خواهد بود.

کتاب «زوهر مقدس» تشریح می‌کند که کلیهٔ رویدادهای جهان به انسان وابسته است. همه چیز برای کمک به انسان رخ داده و بوجود آمده، به این هدف که بتواند ارتباط صحیح بین خود و دیگران ایجاد نموده و صفت نوعدوستی و التروییزم را حاصل کند. به این صورت راه‌حل نهایی برای کلیهٔ مشکلات بدست خواهد آمد و جهان و طبیعت کلاً به نحو صحیح و با تعادل کامل و هماهنگی و کمال دایر خواهند گشت.

«ربی کوک» در نوشته‌های خود این موضوع را به این صورت توصیف می‌نماید: قدرت آفرینش و اداره جهانی به صورت مطلق و کامل اجرا شده است […] لیکن فقط جزء کوچکی از آن احتیاج به اصلاح دارد […] تکامل کلیه مخلوقات و موجودات وابسته به این اصلاح و تکمیل است. این جزء کوچک، روح بشر و صورت خواسته‌ها و پیروی از روحانیت اوست. این جزء برای اصلاح به انسان اهداء گردیده تا کلیه موجودات و مخلوقات را به تکامل برساند.

قوانین طبیعت که در اینجا ارائه گشته، قوانین نهفته‌ای هستند که کبالیست‌ها در پژوهش‌های خود هنگام تحقیق طبیعت کلی دریافته‌اند و راه‌حل تمام مشکلات هستی را نشان می‌دهند. البته اثبات آن‌ها غیرممکن است ولی حداقل می‌توانیم آن‌ها را به صورت منطقی و قانع کننده‌ای توضیح دهیم. در عاقبت و پس از تمام توضیحات، انسان خودش باید برای قبول یا رد آن‌ها تصمیم بگیرد.

زیرا هدف طبیعت حمایت از آزادی انتخاب ماست. قوانین طبیعت به این دلیل از ما پنهان هستند، تا ما خود با کوشش و خواست

مستقل پی ببریم که چگونه و در کجا از این قوانین منحرف گشته‌ایم. اگر آن‌ها در مقابل ما مانند حقیقتی استوار و به صورت واضح و روشن ظاهر می‌گشتند، اختیار انتخاب آزاد را، که تنها وسیلهٔ بکار گرفتن پتانسیل منحصر به درجهٔ متکلم است از دست می‌دادیم و به درجهٔ جاندار که کاملاً تحت امر طبیعت وادار به فعالیت می‌شود، سقوط می‌کردیم. طبیعت ما را در عالم پنهانی قرار داده تا به ما فرصت و امکان دهد تا با اراده و اختیار مستقل، خودمان را کامل نمائیم و در درون‌مان درجهٔ متکلم را به‌صورت کامل بسازیم.

آمادگی برای انجام هدف زندگی

سیر تکاملی نسل‌ها

جامعهٔ امروزی جامعه‌ای است خودپرست ولی با وجود این آمادگی کافی دارد تا به جامعه‌ای نوع‌دوست تبدیل شود. در واقع دلیل تمام توسعه و پیشرفت‌های بشریت در طول نسل‌ها، آماده کردن ما به انجام هدف زندگی‌مان در نسل کنونی است.

در مقاله «صلح»، بعل هسولام گسترش و سیر تکاملی نسل‌ها را به این صورت بیان می‌نماید: «تعداد مشخص و معین روح‌هایی آفریده شده‌اند که به دنیای ما نزول می‌کنند و در این چرخ گردان هر بار صورت تازه‌ای می‌گیرند، زیرا که هر بار در جسم تازه و در نسل دیگری ظهور می‌کنند. بنابراین از نظر روح، کلیه نسل‌ها از آغاز آفرینش و تا پایان آن، گویا یک نسل است که هزاران سال عمر می‌کند و با پیشرفت و ترقی به اصلاح لازم می‌رسد.

نسل به نسل اطلاعات درونی‌مان به تدریج اندوخته گشته تا جایی که به سطح گسترش و آگاهی کنونی رسیده‌ایم. در پایان این

گسترش طولانی، درجهٔ متکلم یعنی انسان‌ها باید به مرحلهٔ تازه‌ای ترقی کنند، که آن را «درجهٔ متکلم اصلاح شده» می‌نامیم. برای درک بهتر ماهیت گسترش نسل‌ها، می‌توانیم آگاهی درونی‌مان را به واحدهای اطلاعات تشبیه کنیم. این واحدها در درون هر چیز در هستی قرار دارند و حاوی اطلاعات درونی ماده هستند.

در واقع ما در فضایی زندگی می‌کنیم که شامل اطلاعات هنگفتی در بارهٔ همه چیز است. این میدان اطلاعات که ما در آن قرار داریم، «اندیشهٔ طبیعت» خوانده می‌شود. هر تغییر و تحولی که در چیزی پیش می‌آید، مثلاً کوشش برای نگهداری و ادامه به بقای کنونی، طی کردن مراحل گوناگون، نیروهایی که بر او اثر گذاشته و او را وادار به فعالیت می‌کنند یا قوایی که او دیگران را به کار می‌اندازد، تغییرات درونی و بیرونی و غیره، در واقع تغییر در این میدان اطلاعات است.

در تمام نسل‌ها، انسان در جستجوی فرمول زندگی متعادل و سعادت‌مند هستند، فرمولی که طبیعت به آن‌ها عطا نکرده است. این جستجوها به عنوان مدارک جدیدی درون واحدهای اطلاعات ثبت شده و به تدریج باعث گسترش آن‌ها می‌گردند.

تمام آگاهی‌هایی که نسل بخصوصی با تلاش خود برای رسیدن به زندگی بهتر و متناسب با محیط و طبیعت بدست آورده، به سیرت باطنی و گرایش‌های طبیعی نسل آینده تبدیل می‌شوند. تجربه‌هایی که رفته‌رفته انباشته می‌گردند به نوعی حکمت اولیه و درونی تبدیل گردیده و اساس نسل آینده را بنا می‌کنند و به همین دلیل هر نسل پیشرفته‌تر از نسل قبلی است.

در حقیقت نسل فرزندان همیشه هوش و استعداد بیشتری برای

درک و مقابله با وسـایل جدیدی که در نسل والدین‌شان اختراع شـده دارند. کـودکان امروزه به راحتی و بـه صورت طبیعی به تلفن‌های دستی، انواع وسـایل الکترونیکی و کامپیوترها نزدیک شده و در مدت بسیار کوتاهی طرز عمل و استفاده از آن‌ها را حتی بهتر از والدین‌شان یاد می‌گیرند

بدین‌ترتیب نسل به نسل، بشریت دانش و حکمت زندگانی را یافته و پیشـرفت می‌کند و اکنون مانند یک فرد بنظر می‌رسد که تجربه زندگانی چندین هزار ساله را اندوخته است. بعل هسولام در مقالهٔ «نسل آخر» این چنین توضیح می‌دهد:

«عقیـدهٔ هـر فرد مانـنـد آینه‌ای اسـت کـه در آن کلیهٔ تصویـرات اعمـال مفید و مضر او منعکس می‌شـوند. انسان این تجربیات را بازرسی می‌کند و آن‌چه مفید است را برمی‌گزیند و رفتاری را که باعث زیانش شـده‌اند رد می‌کند. این امر «حافظه مغز» نامیده می‌شود.
مثلا مانند تاجری کـه انواع کالاهایی را که در آن ضرر کرده و علت ضرر و هم‌چنین آن‌چه باعث سودش گشته و دلیل سـود را در حافظه‌اش بازجویـی می‌کند، آن‌ها مانـنـد آینه تجربیات در مغـزش ترتیب می‌گیرند که پس از بررسی آن‌ها، آن‌چه مفید است را برمی‌گزیند و آن‌چه مضر اسـت را پس می‌زند و بدین‌نحـو به تاجر خوب و موفقی تبدیل می‌گردد. هم‌چنان هر انسـان با تجربیات زندگیش به ایـن صورت عمل می‌کند. بـه همین طریق اجتماع نیز دارای مغز مشترک، حافظه مشترک و ادراک و تصورات مشترک است که کلیه اعمالی که به اجتماع و عامه مربوط هستند در آن ثبت شده‌اند.»

گسترش واحدهای اطلاعات درون ما، ما را به سطح معین آگاهی رسانده که اکنون می‌توانیم احساس کنیم که تا چه اندازه ما با قدرت طبیعت متضاد هستیم. بنابراین اکنون ما حاضریم بدانیم چرا به این صورت آفریده شده‌ایم و حتی می‌توانیم درک کنیم که به چه هدف و مقصدی باید برسیم.

احساس پوچی و تهی بودن که باعث شکاف عمیقی در درون بسیاری از ما است اتفاقی نیست، بلکه نتیجه مستقیم نیاز ما به صعود به مرحلهٔ تازه هستی، درجهٔ «متکلم اصلاح شده» است. این مرحله‌ای در راه گسترش نسل‌هاست، مرحله‌ای که در آن می‌توانیم با فهم خود و آگاهانه به سوی انجام هدف زندگی پیش رویم.

دیدگاه و خط مشی جامعه به اصول نوع‌دوستی

مراحل ایجاد جامعهٔ نوع‌دوستانه از طرف عموم اجتماع، مورد پشتیبانی فراوانی قرار خواهد گرفت زیرا هر یک از ما علاقمندیم که به خود مانند انسان خوب و نیکوکار که شریک سختی و درماندگی سایرین بوده و سعی به بهبود وضعیت بشر می‌نماید، بیندیشیم. ظاهراً هرگز چیزی مانع نمی‌شود که اقرار کنیم که «ما انسان‌هایی خودپرست بوده و وضعیت دیگران برای‌مان بی‌اهمیت است»، با وجود این ما به صفت خودپرستی خود نمی‌بالیم و افتخار نمی‌کنیم.

افراد جامعه به صورت کاملاً طبیعی از کسانی که به اجتماع کمک می‌کنند قدردانی کرده و برای‌شان احترام فراوانی قائل می‌شوند و بنابراین هر یک سعی می‌کند که این چنین به نظر دیگران برسد. هر انسان، جامعه، سیاست‌مدار و دولت سعی می‌کند که خود را نوع‌دوست نشان دهد. علاوه براین هیچ‌کس، دیگری را به

خودپرستی تشویق نمی‌کند زیرا این رفتار به ضرر خودش نیز خواهد بود. بنابراین حتی خودخواه‌ترین و خودپرست‌ترین افراد، خود را بصورت فردی نوعدوست نشان می‌دهد نه تنها برای بدست آوردن احترام و قدردانی جامعه، بلکه برای آن‌که دیگران نیز با او رفتار نوعدوستانه‌ای داشته باشند.

باوجود آن‌که بعضی از افراد غیرمعمولی اظهار می‌کنند که آن‌ها اشخاصی خودپرست هستند ولی منظور آن‌ها این نیست که «من به خودپرستی و زیان‌آوری به جامعه افتخار می‌کنم»، بلکه «به من توجه کنید! من فرد بخصوصی هستم!». به این نحو آن‌ها سعی می‌کنند نظر جامعه را به خود جلب نمایند.

بنابراین چنین بنظر می‌رسد که هیچ‌کس آشکارا مخالف گسترش صفت نوعدوستی در جهان نیست. البته عقیده‌ها مختلف هستند و عده‌ای بیشتر از این ایده پشتیبانی خواهند کرد و عده‌ای کمتر، ولی هرگز کسی با آن مخالفت نخواهد کرد. ما در عمق قلب خود احساس می‌کنیم که خودپرستی باعث انهدام و نیستی می‌گردد در حالی که نوعدوستی صفت مثبتی است که به ما قدرت هستی و حیات عطا می‌نماید. به همین دلیل با آن‌که همگی افرادی خودپرست هستیم بهرحال به کودکان و فرزندان‌مان می‌آموزیم که با دیگران رفتاری محترمانه داشته باشند و نیکی و محبت را سرلوحه زندگی خود قرار دهند.

تربیت و آموزش فرزندان‌مان
از ابتدای بنیاد جهان همیشه آموزش و پرورش نسل جدید بر مبنای اصول نوعدوستی و فداکاری بنا گردیده. در خانواده‌ها و مدارس، به کودکان‌مان درس مهربانی و شفقت و دوستی می‌آموزیم و آرزومندیم که فرزندان‌مان با دیگران در صلح و سازش باشند

زیرا در باطن خود احساس می‌کنیم که چنین رفتاری نسبت به دیگران روشی مناسب است. و کسانی را که از این روش پیروی می‌کنند محافظت می‌کند.

ما به کودکان‌مان می‌آموزیم که با دیگران باید بر اصول نوع‌دوستی رفتار کنند، زیرا در ضمیر ناخودآگاه‌مان می‌دانیم که با بد رفتاری، سوءاستفاده و آزار دیگران، عاقبت به خودمان صدمه خواهیم زد. ما می‌خواهیم که به فرزندان‌مان امنیت و آسایش عطا کنیم و احساس می‌کنیم که فقط با آموختن اصول نوع‌دوستی می‌توانیم در این مورد به موفقیت برسیم. امنیت شخصی انسان تنها بخودش بستگی ندارد بلکه با محیط و اطرافیان او رابطهٔ مستقیم دارد و رفتار اطرافیان با او منعکس کنندهٔ طرز رفتار وی با اطرافیان است. تمام زیان‌ها و صدماتی که از طرف محیط یا همان جامعه به ما می‌رسد، بنابراین ترفیع و بالا بردن ارزش اصول نوع‌دوستی، به ما امکان می‌دهد که جامعه به ما صدمه نزند.

این آرزوی هر جامعه و کشور است که فرزندانش از اصول نوع‌دوستی بهره‌مند شوند. فقط انسان پرقدرت، مثلاً سلطان یا حاکم مستبدی که تمام سپاه تحت فرمان اوست می‌تواند به خود اجازه دهد که به فرزندش رفتار ستمگرانه بیاموزد و او را بصورت فردی خودخواه، بی‌رحم و ظالم که حق دیگران را پایمال می‌کند بزرگ کند. ولی فرزند چنین شخصی برای زنده بودن و ادامه بقاء احتیاج به حمایت بی‌حدی خواهد داشت و برای مقاومت و دفاع از خود در مقابل دیگران مجبور خواهد شد که از قدرت خود استفاده کند.

رفتار نیک با دیگران، به انسان احساس امنیت، صلح و آرامش

بی‌نظیری عطا می‌کند بنابراین ما سعی می‌کنیم که کودکان‌مان را به این نحو تربیت کنیم ولی نکته مهم آن است که به مرور زمان آن‌ها پی می‌برند که ما خودمان با دیگران به این صورت رفتار نمی‌کنیم و از ما پیروی کرده و چون ما افرادی خودخواه بار می‌آیند.

تربیت صحیح و مناسب با ارائه و نمایش نمونه‌های خوب پایه‌گذاری شده و شکل می‌گیرد. آیا ما خود سرمشق خوبی برای فرزندان‌مان هستیم؟ آیا ما به آن‌ها نمونه‌های اصول نوع‌دوستی و رفتار نیک با دیگران را نشان می‌دهیم؟ جواب این سوال‌ها منفی است. حتی با وجود آن‌که در ابتدا ما کودکان‌مان را به این نحو تربیت می‌کنیم و طرز رفتار نیک و مناسب را به آن‌ها می‌آموزیم، هنگامی‌که آن‌ها مشاهده می‌کنند که ما خودمان برخلاف آن‌چه به آن‌ها می‌آموزیم رفتار می‌کنیم به عدم صداقت در کلماتی که به زبان می‌آوریم پی برده و مطمئناً توضیحات مکرر ما برای نشان دادن اصول کردار و گفتار نیک بی‌اثر خواهند بود.

بحران کنونی و آینده خطرناک، ما را وادار می‌کند که تغییرات اساسی در زندگی‌مان بدهیم. تاکنون ما برای فرزندان‌مان ناخودآگاهانه یک نمونهٔ منفی بوده‌ایم و به این طریق آن‌ها را تربیت کرده‌ایم، ولی اکنون تنها راه چاره تغییر روش خودخواهانه ماست.

هنگامی‌که تعداد بیشتر و بیشتری بر اساس اصول نوع‌دوستی رفتار کنند واقعیتی که فرزندان‌مان در آن به دنیا خواهند آمد تغییر خواهد کرد و آن‌ها آن‌چه را که فهمش برای ما دشوار بوده به آسانی درک خواهند کرد. آن‌ها به راحتی پی خواهند برد که تمام ما اعضای یک سیستم و یک پیکر هستیم و به همین دلیل طرز

رفتار ما با یکدیگر باید بر اساس نوع‌دوستی بنا شده و انجام شود. در واقع این مفیدترین و بهترین راه و روشی است که بوسیلهٔ آن می‌توانیم برای خود و فرزندان‌مان زندگی بهتر و آسوده‌تری تعیین کنیم.

خودخواهان و نوع‌دوستان

اشخاص بخصوصی با سیرت و گرایش طبیعی برای کمک کردن به دیگران آفریده شده‌اند و این نیز یکی از مقدمات در راه اصلاح بشریت است. معمولاً توانائی درک و احساس دیگران، وسیله‌ای برای بدست آوردن لذت بیشتر از ارتباط با آن‌هاست، ولی در بعضی از اشخاص این احساس به صورت دیگری بیان می‌شود. آن‌ها رنج و عذاب دیگران را درون خود مانند رنج و درد خودشان احساس می‌کنند و در نتیجه برای رهایی یافتن از این احساس طبیعتاً همیشه وادار به کمک کردن به دیگران می‌شوند. این افراد «نوع‌دوستان خودخواه» هستند.

اکثر مردم، خودخواهان «معمولی» هستند، افرادی که رنج دیگران را احساس نکرده و اهمیتی برای آن قائل نمی‌شوند و به همین دلیل برای رفاه خود تا جایی که امکان‌پذیر باشد از دیگران سوءاستفاده می‌کنند. در مقابل آن‌ها «نوع‌دوستان خودخواه - خودپرست» هستند، اقلیتی که از رنج دیگران زجر کشیده و با آن‌ها هم‌دردی می‌کنند. بنابراین همیشه مواظب هستند که حتی کلمه سختی که باعث رنجش می‌شود برزبان نیاورند. در این کتاب ما مختصراً گروه اول را «خودخواهان» و گروه دوم را «نوع‌دوستان» می‌نامیم، با وجود آن‌که انگیزه و محرک واقعی هر دوی آن‌ها، صفت خودخواهی است که طبیعت به دو صورت مختلف درون‌شان نهاده است. بنابراین تفاوت بین آن‌ها بیان کنندهٔ «خوبی» و «بدی» آن‌ها نیست زیرا هر دو، دستورات طبیعت را انجام می‌دهند و این طبع آن‌هاست.

پروفسور ریچارد ابشتین که قبلاً از ایشان یاد شده و پژوهشگران دیگر در رشته زیست‌شناسی و رفتار و سلوک ژن، کشف کرده‌اند که تغییر در سلسلهٔ ژن بخصوصی به انسان امکان می‌دهد تا طرز رفتارش را با دیگران بهتر کند. در این فرضیه آن‌ها توضیح می‌دهند که رفتار نوع‌دوستانه بلافاصله تلافی گردیده و کسی که با دیگران به نیکی رفتار می‌کند در مغزش ماده شیمیایی به نام دوپامین «dopamine» ترشح می‌شود که باعث احساس شادی می‌شود.

بعل هسولام در مقاله‌های «نسل آخر» که در آن‌ها اصول اجتماعی حکمت کبالا بررسی شده و صورت جامعهٔ اصلاح شده آینده را تجسم می‌کند، توضیح می‌دهد که در تمام طول زمان تقریباً ده درصد سکنه جهان افراد نوع‌دوست و نوددرصد بقیه خودخواهان معمولی هستند.

نوع‌دوستان، طرف‌دار و پاسدار صلح جامعه بوده و کمک‌ها و فعالیت‌های بی‌شماری در رشته‌های گوناگون و فراوان برای بهبود وضعیت فقرا، تنگ‌دستان و افراد ضعیف می‌نمایند. در واقع در مواقعی که جامعه بدلیل عدم‌توجه به رنج بشر یا ناتوانی، به افرادش رسیدگی نمی‌کند، نوع‌دوستان این بار سنگین را بر دوش می‌گیرند.

سازمان‌های نوع‌دوستانه، تلاش شگرف و هزینه‌های هنگفتی را صرف انجام انواع عملیات می‌کنند ولی افسوس که در بیشتر موارد کمکی که به تنگ‌دستان می‌شود تغییرات اساسی و قابل توجهی در وضعیت‌شان ایجاد نخواهد کرد. برای توضیح و اثبات این موضوع می‌توان قاره آفریقا را مثل بزنیم. در سابق، قبل از

آن‌که سفیدپوستان غرب شروع به دخالت در زندگی آن‌ها کنند، سرنشینان این قاره مایحتاج خود را خودشان تهیه و تامین می‌کردند در حالی‌که امروز با وجود دریافت آب و مواد غذایی، آن‌ها از قحطی و گرسنگی جان می‌سپارند. مبلغ هنگفتی که برای آن‌ها جمع‌آوری می‌شود باعث تغییر وضعیت‌شان نشده و آن‌ها در تقلای دایمی و تمام نشدنی برای زیستن وبقای‌شان هستند و وضع‌شان سال به سال رو به زوال می‌رود.

سازمان‌های نوع‌دوستانه سعی می‌کنند تاجائی که مقدور هستند هر فعالیت امکان‌پذیری را برای بهبود وضعیت این افراد انجام دهند ولی با وجود تلاش‌های گوناگون و بی‌پایان وضع آن‌ها وخیم‌تر می‌شود. البته می‌توانیم این عملیات را مانند گذشته ادامه دهیم ولی آیا عاقلانه‌تر نیست که لحظه‌ای توقف کرده و از خود بپرسیم چرا ما با تمام این تلاش‌ها موفق به اصلاح و بهسازی وضع بشریت نمی‌شویم و ریشه اشتباه ما در کجاست.

و مختصراً جواب آن است که تمام دشواری‌های جهان اعم از سختی‌های شخصی و دردسرهای اجتماعی، همان‌طور که قبلا ذکر شد، از عدم تعادل و ناهماهنگی با طبیعت سرچشمه می‌گیرند. بنابراین کمک به جامعه در سطح مادی فقط برای مدت کوتاهی باعث بهبود وضع می‌شود ولی در طول زمان هیچ ارزش واقعی نخواهد داشت زیرا این عمل انسان را بسوی توازن پیش نخواهد برد و مسائل و مشکلات حقیقی از ریشه حل نخواهند گشت.

البته در چنین مواقعی که انسان از گرسنگی رنج می‌برد باید به او کمک کرد ولی همراه با آن و پس از کمک به وی برای بدست آوردن رمق زندگی و آماده کردن ضروریات، باید سطح اطلاعات و آگاهی او را در باره هدف واقعی زندگی افزایش دهیم.

اگر بخواهیم تغییر مثبتی در جهان و در خودمان ایجاد کنیم باید از ابتدا معنای دقیق عمل نوع‌دوستی را بررسی کنیم. عملیات باید بر اساس کمک به بهبود واقعی و کامل وضعیت بشر و ریشه‌کن کردن زجر و رنج بشریت سنجیده شوند.

فعالیت‌های کنونی اگر برای رسیدگی و حل اساسی مشکلات انجام داده نشوند نه تنها بی‌ثمر و بی‌نتیجه خواهند بود بلکه طغیان بیماری را به عقب انداخته و در عاقبت اثر آن به صورت وخیم‌تری بروز می‌کند. مانند مریضی که به جای درمان ریشه بیماری وخیمش به داروی مسکن اکتفا می‌کند در حالی‌که بیماری شروع به پیشرفت کرده و بر او غلبه می‌کند.

هنگامی فعالیت‌های انسان «اعمال نوع‌دوستانه» نامیده می‌شوند که هدف آن‌ها رساندن انسان به توازن با قانون کلی طبیعت یعنی قانون نوع‌دوستی باشد و بتواند سطح آگاهی انسان را درباره این حقیقت که ما همگی اعضای یک سیستم و یک پیکریم که شامل تمام افراد بشر در هر نقطه جهان بدون در نظر گرفتن نژاد یا تابعیت است، بالا ببرد.

صحبت از اعمالی که بطور طبیعی و برای دست‌گیری و کمک به درماندگان انجام داده می‌شوند نیست، بلکه منظور از اعمالی است که هدف آن‌ها درک ضرورت رساندن تمام بشریت اعم از ناتوان و توانا، به توازن با طبیعت است.

بنابراین، نیت نیک و انرژی نوع‌دوستان را باید بخصوص برای اعمالی که سطح آگاهی بشریت را برای درک دلیل مسائل و مشکلات زندگی و راه‌حل صحیح آن‌ها بالا می‌برند صرف نمود.

به این طریق از کمک‌های ده در صد افراد نوع‌دوست که طبیعت به جهان عطا کرده است، افرادی که گرایش طبیعی آن‌ها بخشش و نیکوکاری است، بطور عاقلانه استفاده خواهد شد.

این تقسیم‌بندی به نود درصد خودخواهان و ده در صد نوع‌دوستان نه تنها در بشریت وجود دارد بلکه آن را می‌توان درون هر فرد و هر شخص یافت.

یکی از قوانین اولیه و اصلی واقعیت این است که «کل و جزء برابرند». یعنی هر قطعه و هر ذره دارای کلیه اطلاعاتی است که در کل موجود است و تمام محتویات کل در هر جزء نهفته شده.

در کتاب «جهان هولوگرافیک» – «The Holographic Universe» اثر مایکل تالبوت دانشمند آمریکائی، تحقیقات عملی در باره این موضوع گردآوری شده و در نوشته‌های بعل هسولام این قانون به این نحو تشریح گشته: «کل و جزء مانند دو قطره با یکدیگر مساوی و برابرند. هم از لحاظ ظاهری و بیرونی جهان مانند افلاک و ستارگان و غیره و هم از لحاظ درونی، زیرا حتی در یک اتم کوچک آب، سیستم کامل خورشید و ستارگانی که در اطرافش سیر می‌کنند یافته می‌شود کاملاً مانند دنیای عظیم».

این قانون نشان می‌دهد که هر انسان اعم از خودخواه و نوع‌دوست، از ده درصد قوای نوع‌دوستی و نود درصد قوای خودخواهی ترکیب شده کاملاً به همان نحو که تمام بشریت تقسیم‌بندی شده. تفاوت بین انسان‌ها این است که چگونه این قدرت‌ها در درون‌شان نمایان شده و تقسیم گشته است.

در بین نوع‌دوستان قدرت بخشش و عطا کردن (البته خودخواهانه) فعال و آشکار است در حالی‌که در خودخواهان این قدرت احساس

نمی‌شود. ولی درون هر انسان اساس و عنصر بخشش وجود دارد. بنابراین در تمام کره زمین غیر ممکن است که حتی یک نفر امکان رسیدن به توازن با قدرت نوع‌دوستی طبیعت را نداشته باشد زیرا این قوا به این منظور از آغاز در درون‌مان نهاده شده‌اند.

واقعیت کمال و ابدیت

«انسان درجایی است که فکرش در آن‌جاست»
هابعل شمطوب

درک واقعیت

کســی که شــروع به انجام آن چه تا کنون بیان گردید می‌نماید و درک می‌کند که او قسمتی از سیستمی است که شامل تمام بشریت اســت و اطلاعات خود را در این مورد به دیگران واگذار می‌کند و هم‌چنین محیط مناسـبی که از او محافظت و پشتیبانی می‌کند در اطرافش ایجاد می‌کند، به‌تدریج در درونش خواسته و میلی واقعی، قوی و کامل برای بدســت آوردن صفت نوعدوستی طبیعت ایجاد می‌نماید. راه رسـیدن به نیاز کامل به صفت نوعدوستی مسیری است پر شــور که زندگی راه‌پیمایان را به زندگی جالب، پرمعنا، ارضاء کننده و بی‌همتایی تبدیل می‌کند. در مرحله‌ای که خواست کاملی برای رسـیدن به این صفت در درون انســان بنا می‌گردد، واقعیت جدیدی به رویش گشوده می‌شود.

پیش از آن‌که این واقعیت و آن‌چه را که انســان در آن احســاس

می‌کند وصف کنیم باید بفهمیم که «واقعیت» چیست و چگونه ما آن را درک می‌کنیم. شاید این پرسش‌ها بیهوده به نظر برسند. آیا امکان دارد که کسی واقعیت را درک نکند؟ آیا واقعیت چیزی نیست که به چشم دیده می‌شود؟ ساختمان‌ها، انسان‌ها، کهکشان‌ها، سراسر گیتی؟ آیا واقعیت فقط چیزی است که می‌توان آن را دید، لمس کرد چشید یا بویید؟

ولی این موضوع بسیار عمیق‌تر از آن چه به نظرمان می‌رسد است. در سراسر تاریخ بزرگ‌ترین متفکران بشریت تمام کوشش و قدرت خود را وقف این موضوع نمودند و در طول زمان نظریات علمی در باره آن‌که چگونه انسان واقعیت را درک می‌کند، در چند مرحله اساسی بنا شده است.

بنابر نظریهٔ کلاسیکِ آیزاک نیوتن، فیزیک‌دان انگلیسی، وجود دنیا به وجود انسان هیچ ارتباط و بستگی ندارد و در واقع به هیچ وجه مهم نیست اگر انسان دنیا را درک کند یا نه، بلکه دنیا به صورت ثابت و مستقل وجود دارد.

پس از آن با پیشرفت و گسترش پژوهش‌های علم زیست‌شناسی این امکان داده شد که صورت جهان به نحوی که موجودات دیگر غیر از انسان بوسیلهٔ حواس‌شان درک می‌کنند بررسی شود. این پژوهش‌ها نشان می‌دهند که انواع موجودات، دنیا را به صورت مختلفی درک و احساس می‌کنند. مثلاً تصویر دنیای زنبورها مجموعه دیدگاه‌هایی که در واحدهای بی‌شماری که چشم‌هایش را ترکیب کرده‌اند دریافت می‌شوند. سگ‌ها بطورکلی از طریق بویایی تصویر جهان را دریافت می‌کنند.

علاوه براین، اینشتن کشف کرد که با تغییر در سرعت مشاهده (یا چیزی که مشاهده می‌شود) واقعیت کاملاً مختلفی در محور

زمان و فضا دریافت می‌شود. مثلا فرض کنیم که میله یا چوبی در فضا حرکت می‌کند. اگر باعث شـویم که این جسم با سرعت بسیار بیشتری حرکت کند چه پیش خواهد آمد؟ بنابر عقیده نیوتن سـرعت حرکت جسم ارتباطی با دید انسان نخواهد داشت و طول آن همیشه ثابت خواهد ماند. بنابر نظریه اینشتن این جسم رفته رفته کوتاه‌تر می‌شود.

در نتیجه و به دنبال این اکتشـافات، نظریه پیشرفته‌تری صورت یافت که معتقد است که تصویر جهان به «دریافت کننده تصویر» یا «مشاهد کننده» مربوط است: صفت‌های خاص، حواس مختلف و سرعت حرکت باعث می‌شوند که تصویر جهان به صورت‌های مختلف دیده شود.

در دههٔ سـی‌ام قرن بیسـتم فیزیـک کوانتوم انقلابی در عالم دانش بوجود آورد. بنابر این نظریه، انسـان بر رویدادهایی که مشاهده می‌کند اثر می‌گذارد. تنها سئوالی که اکنون برای پژوهش‌گر پیش می‌آید این است که دستگاه‌های سنجشی او چه واقعیتی را نشان می‌دهند. البته تحقیق در باره مراحل رویداد یا اصل واقعیت بیهوده خواهد بود.

در دنبالهٔ اکتشـافات فیزیـک کوانتوم و هم‌چنان سایر سـطوح پژوهشـی، نظریه علمی و مدرن در بـاره چگونگی درک واقعیت بیان شـد که بنا بر آن، انسـان بر دنیا اثر می‌گذارد و در نتیجه بــر تصویری که دریافت می‌کند نیز اثر می‌گذارد. به طریق دیگر، می‌توان گفت که تصویر واقعیت، آمیزش بین صفت مشاهده کننده و صفت چیزی است که دریافت می‌کند.

زندگی درونی انسان

اکنون افشای حکمت کبالا، ما را قدم دیگری به پیش می‌برد. چندین هزار سال پیش، کبالیست‌ها به این موضوع پی بردند که در واقع دنیا تصویری ندارد. «عالم» پدیده‌ای است که در درون انسان احساس می‌شود و میزان همانندی صفات انسان را با صفت قدرت مطلق، جامع و حاکم خارج از او، یعنی قدرت طبیعت، منعکس می‌کند.

چنان‌که قبلاً بیان گشت، صفت قدرت طبیعت صفت الترویزم مطلق، صفت نوع‌دوستی است و میزان هماهنگی یا ناهماهنگی بین صفات انسان و صفت قدرت طبیعت خارج از او نشان دهنده «تصویر دنیای» انسان است. بنابراین تصویر واقعیتی که ما را فرا گرفته به صفات درونی‌مان بستگی کامل داشته و ما می‌توانیم آن را کاملاً تغییر دهیم.

برای توضیح بیشتر در باره آن که چگونه ما واقعیت را درک می‌کنیم می‌توانیم انسان را به جعبه بسته‌ای که دارای پنج مجرا: چشم، گوش، بینی، دهان و دست‌ها است، تشبیه کنیم. این اعضاء بطور کلی نشان دهنده حواس پنج‌گانه ما بینایی، شنوایی، بویایی، چشایی و لامسه هستند. در درون این جعبه تصویر واقعیتی که ما را در بر گرفته صورت می‌گیرد.

برای مثال می‌توانیم طرز کار و مکانیزم حس شنوایی را در نظر بگیریم. با رسیدن امواج صوت به پرده گوش ارتعاشاتی در آن ایجاد می‌شود و آن‌ها سه استخوان شنوایی را به حرکت می‌آورند. در نتیجه علامت‌ها یا سیگنال‌های الکتریکی به مغز ارسال گشته و به صدا یا صوت یا آهنگ و نوا ترجمه می‌شوند. کلیه سنجش‌های ما در قسمت پرده گوش و درون آن صورت می‌گیرند و به همین

نحو نیز حواس دیگر ما عمل می‌کنند.

بنابراین در واقع ما آن چه در خارج از ما پیش می‌آید را نمی‌سنجیم، بلکه واکنشی را که در درون ما ایجاد می‌شود را مورد شناسایی و درک قرار می‌دهیم. حدود صدایی که به گوش‌مان می‌رسد، مناظری که به چشم‌مان می‌خورند، آن چه بوییده می‌شود، همگی بستگی به قدرت درک حواس ما دارد. ما در جعبهٔ خودمان بسته شده‌ایم و بنابراین هرگز نمی‌دانیم واقعاً درخارج از ما چه روی می‌دهد.

جمع علائم و سیگنال‌ها از حواس ما به مرکز کنترل و نظارت مغز منتقل شده و در آن اطلاعاتی که دریافت می‌شوند با اطلاعاتی که از قبل در حافظه گردآوری و انبار گشته مقایسه می‌شوند. این اطلاعات بر صفحه یا پـرده‌ای که در مغز وجود دارد، منعکس می‌شـود و تصویر دنیای انسان را به او نشان می‌دهد. به این صورت انسان موقعیت خود و آن‌چه را که باید انجام دهد احساس می‌کند.

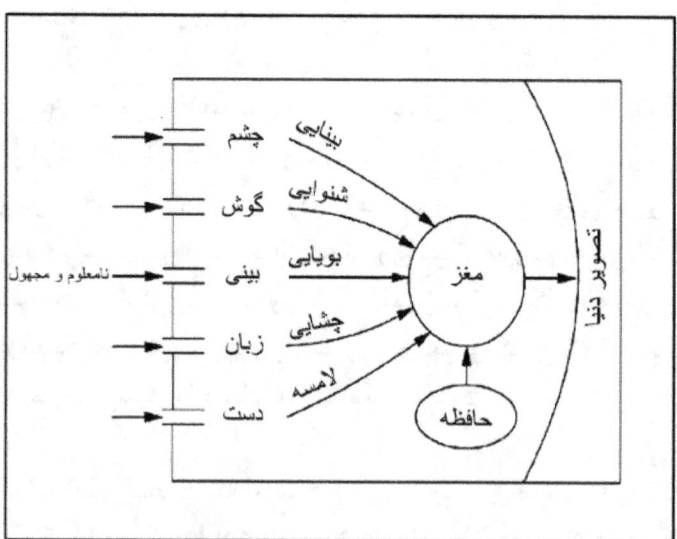

در این مراحل دنیای «ناشناخته» که انسان را در بر گرفته به چیزی آشنا تبدیل گشته و در درون او تصویر «واقعیت خارج» از او را ایجاد می‌شود. ولی در واقع این تصویر واقعیت خارجی نیست بلکه فقط تصویر درونی است که با سیگنال‌های دریافتی از بیرون توسط حواس پنج‌گانه و نیز اطلاعات از قبل نگه‌داری شده در حافظه ناخودآگاه ایجاد می‌گردد. پس می‌توان گفت که تصاویری که انسان نام آن را واقعیت گذاشته توهمی بیش نیست.

بعل هسولام در مقدمهٔ کتاب زوهر این موضوع را چنین تشریح می‌کند: «مثلا حس بینایی‌مان - در واقع جهان عظیم و شگرف و موجودات شگفت‌انگیزی که ما می‌بینیم، فقط در درون ما بدین گونه دیده می‌شود و در واقع این دید درونی ماست. در قسمت عقبی مغزمان چیزی مانند دوربین عکاسی وجود دارد که آن‌چه به نظرمان می‌رسد، در آن صورت می‌گیرد و نه در خارج از ما». او توضیح می‌دهد که در مغزمان آینه مانندی وجود دارد که هر چه در آن دیده می‌شود را معکوس کرده و ما آن را خارج از مغز و روبروی خود می‌بینیم.

بنابراین تصویر واقعیت، نتیجه و حاصل عملکرد حواس پنج‌گانه ما و اطلاعاتی است که از پیش در مغزمان ثبت شده و اگر دارای حواس دیگری بودیم بدون تردید تصاویر کاملاً متفاوتی درون‌مان ایجاد می‌گشت. شاید آن‌چه اکنون مانند نور دیده می‌شود به صورت تاریکی یا به صورتی که اکنون حتی امکان تصور آن را نداریم به نظر می‌رسید. و به همین نحو دنیای کسی که فاقد یک یا چند حواس است با دنیای افراد دیگر متفاوت است.

لازم به تذکر است که از مدت‌ها پیش علم این موضوع را کشف کرده که با ایجاد (impuls) واکنش الکترونیکی در مغز انسان و

همراه با اطلاعاتی که در حافظه‌اش موجود است می‌توان در او احساسی ایجاد کرد که خود را در مکان و موقعیت بخصوصی ببیند.

علاوه بر آن امروزه می‌توانیم اعمال حواس‌مان را با وسائل مصنوعی مانند آلات الکترونیکی عوض کنیم. در زمینهٔ شنوائی وسایل بی‌شماری اختراع شده گرفته از سمعک برای کمک به کم‌شنوایان و رسیده به پیوندهای الکترودی درون گوش به کسانی که کاملاً فاقد حس شنوایی هستند.

برنامه ایجاد چشم مصنوعی نیز در حال پیشرفت است. الکترودهایی که به مغز پیوند زده شده‌اند اطلاعات مربوط به شنوائی را به اطلاعات دیدنی تغییر می‌دهند، یعنی صوت را به تصویر تبدیل می‌کنند. یکی دیگر از پیشرفت‌ها در زمینه بینایی وارد کردن دوربین عکاسی بسیار کوچکی در چشم است که تشعشات نوری را که به چشم نفوذ می‌کند به علامت‌ها و سیگنال‌های الکتریکی برمی‌گرداند، این علامت‌ها به مغز منتقل شده و تبدیل به تصویر می‌شوند.

در واقع مطمئناً روزی فرا خواهد رسید که بتوانیم کنترل و تسلط کاملی در این مورد داشته باشیم و سطح حدود حواس‌مان را افزایش داده و اعضای مصنوعی بسازیم و حتی شاید بتوانیم یک پیکر کامل بسازیم. ولی به هرحال، تصویر عالمی که گرفته خواهد شد فقط تصویر درونی خواهد بود و بس.

در این جا به این نتیجه می‌رسیم که آن‌چه احساس می‌کنیم، فقط در درون‌مان احساس می‌شود و هیچ وابستگی و ارتباطی با واقعیت خارج از ما ندارد. ما حتی نمی‌توانیم بگوییم که خارج از

ما واقعیتـی وجود دارد یا نه. در واقع تصویر جهان «خارج»، در درون‌مان قرار دارد و انعکاس درونی ماست.

برنامهٔ طبیعت

مشاهده طبیعت نشان می‌دهد که برای زندگی و ادامه حیات، هر سلول در بدن و هر قسمت در سیستم باید فقط برای بهبود بدن یا سیسـتمی که در آن قرار دارد عمل کند. متأسفانه زندگی امروزه ما در جامعه بشری به این نحو صورت نمی‌گیرد و این سوال پیش می‌آید: «پس چگونه ما هنوز وجود داریم؟» سلولی که در بدن فقط برای خوبی خودش عمل می‌کند باعث سرطان و نابودی تمام بدن می‌شود. ما نیز قسمت‌های خودپرست در یک سیستم هستیم و با وجود این زنده هستیم.

پاسخ این است که زندگی فعلی ما یک «زندگی» واقعی نیست. در حقیقت وجود انسان با سایر درجه‌های طبیعت متفاوت است زیرا به دو سطح تقسیم می‌شود:

- سطح اول همان سطحی است که اکنون در آن وجود داریم کـه هر یک از ما خـود را از دیگران جدا حس می‌کند و بنابراین به آن‌ها توجه نکرده و سعی می‌کند تاجایی که امکان دارد برای بهبود وضعیت شخصی خود از سایرین بهره‌برداری و سوءاستفاده کند.

- سطح دوم صورت اصلاح شده و تکامل یافتهٔ هستی و موجودیت است که در آن انسان‌ها مانند قسمت‌های یک سیستم عمل می‌کنند و در محبت و دوستی متقابل، اشتراک، بخشش، تکامل و ابدیت قرار دارند.

موجودیت در سطح دوم، «هستی» واقعی خوانده می‌شود. زندگی کنونی ما مرحلهٔ عبور و تغییر است، معبری که مقصد آن نقطه‌ای است که ما با خواست و قدرت خودمان، به زندگی صحیح و ابدی یعنی «زندگی» حقیقی نائل خواهیم شد. بنابراین کبالیست‌ها یعنی کسانی که به سطح دوم صعود کرده‌اند زندگی کنونی ما را زندگی تصوری یا «واقعیت خیالی» و زندگی اصلاح شده را هستی واقعی یا «واقعیت حقیقی» می‌نامند. هنگامی‌که آن‌ها به گذشته می‌نگرند، زندگی در سطح اول را با این کلمات بیان می‌کنند: «گویا آن گاه در یک رویا بودیم». یک رویا و بس.

در ابتدا واقعیت حقیقی از نظر ما پنهان است یعنی بطور طبیعی نمی‌توانیم آن را احساس کنیم زیرا ما وجود خود و دنیا را بنا بر امیال و صفات درونی‌مان احساس می‌کنیم. بنابراین اکنون آمادگی درک این امر را که تمام انسان‌ها به یکدیگر وابسته بوده و اعضای یک پیکر هستند نداریم. اراده و میل خودخواهانه برای دست‌یابی به لذت، صفتی که از ابتدا در طبع و نهاد ما وجود دارد از این نوع ارتباط نوع‌دوستی متنفر بوده و آن را رد می‌کند و به همین دلیل امکان درک تصویر واقعیت حقیقی را به ما نمی‌دهد.

در اطراف ما اکنون عناصر بی‌شماری وجود دارند که ما توانایی احساس یا درک آن‌ها را نداریم. عقل و مغز ما تحت تسلط امیال خودپرستانه درونی ما قرار دارند و بنابراین امیال، حواس پنج‌گانه ما را به فعالیت وا می‌دارند. بنابراین نمی‌توانیم وجود آن‌چه برای امیال خودخواهانه ما بی‌اهمیت و نامقبول است را احساس کنیم. ما فقط هنگامی چیزی را می‌توانیم احساس کنیم که خوبی یا بدی آن را در مقابل‌مان مقایسه کنیم. به این نحو حواس ما برنامه‌ریزی شده‌اند و به این صورت تصویر واقعیت ما را دریافت می‌کنند.

اکنون پس از آشنایی کامل با تصویر واقعیت فعلی، باید آن را تغییر داده و سعی کنیم تصویری واقعیتی را که از طریق نوع‌دوستی دریافت می‌شود درک کنیم. فرض کنیم که ما رفته رفته آن چه برای دیگران مفید است را در نظر می‌گیریم. در چنین موقعیتی آن چه در اطرافمان احساس خواهد شد موقعیت شگفت‌انگیزی خواهد بود که تاکنون هرگز ندیده و نشناخته‌ایم. کاملاً متفاوت با وضع کنونی ما. کبالیست رسیدن به این موقعیت را این چنین تشریح می‌کند: «جهان دیگر و متفاوتی در نظرم پدیدار شد».

هنگامی که در درون‌مان اراده تازه‌ای بوجود بیاوریم، تا که عضوی سالم در بشریت باشیم و به هماهنگی و همانندی با قدرت نوع‌دوست طبیعت برسیم، به تدریج دارای حواس جدیدی می‌شویم که هیچ ارتباطی با حواس فعلی ما ندارند و «روح» یا «روح برتر» نامیده می‌شوند. بوسیله روح، انسان تصویر جدیدی از جهان دریافت می‌کند، تصویر جهان واقعی که در آن تمام افراد بشر مانند اعضای یک پیکر به یکدیگر پیوسته و سرشار از شادی و لذت جاودانی هستند.

بنابراین اکنون می‌توانیم هدف زندگی که همان همبستگی و وحدت انسان‌هاست را به این صورت معنی کنیم: «والاترین هدف زندگی بالا رفتن از سطح وجود کنونی و رسیدن به واقعیت حقیقی با آگاهی و اراده مستقل است». ما باید به موقعیتی برسیم که واقعیت را نه به صورتی که اکنون با حواس پنجگانه ما احساس می‌شود درک کنیم، بلکه به صورت حقیقی آن.

آن چه اکنون احساس می‌کنیم واقعیت تصوری و خیالی است که بر اساس صفات خودپرستانه ما به این نحو درک می‌شود. اگر تمام قوا و تلاش‌مان را برای پیشرفت در طریق اصلاح و تکامل

خود صرف نموده و در درون‌مان اراده کاملی برای اعمال و رفتار نوع‌دوستانه بسازیم، احساس ما به یگانگی و وحدت باز می‌گردد و به این صورت در موقعیت کاملاً متفاوتی با آن‌چه اکنون احساس می‌کنیم قرار خواهیم داشت.

واقعیت حقیقی، ابدی و جاودانی است و در آن همگی ما وابسته به سیستم یگانه بوده و با وحدت کامل از جریان انرژی دائمی و ابدی لذت می‌بریم. در چنین واقعیتی عطا و بخشش، متقابل و دوجانبه بوده و به همین دلیل لذت و بهره‌مندی نیز بی‌پایان، نامحدود و کامل است. در حالی‌که در موقعیت کنونی تمام لذات ما موقتی و محدود است.

احساس زندگی فعلی ما از قطرهٔ کوچک حیات سرچشمه گرفته که از واقعیت روحانی و ابدی به واقعیت کنونی ما می‌رسد. این قطره قسمتی از قدرت نوع‌دوستی است که طبیعت را در بر گرفته و با وجود آن که کاملاً متفاوت با صفات ماست بهر حال در امیال خودپرستانه ما نفوذ کرده و به آن‌ها قدرت زندگی می‌دهد. وظیفه این قطره نگه‌داری ما در سطح اول یعنی سطح مادی است تا زمانی فرا رسد که شروع به درک واقعیت حقیقی و روحانی کنیم.

بنابراین زندگی کنونی و فانی ما هدیه‌ای است که برای مدت محدودی به ما اعطاء شده تا بوسیله آن به زندگی حقیقی برسیم. در چنین موقعیتی احساس حیات ما نه تنها به آن نقطه محدود نخواهد شد، بلکه قدرت بیکران طبیعت، قدرت محبت و بخشش، قدرت زندگی ما خواهد شد.

واقعیت روحانی به صورت و معنای مادی، مافوق ما قرار ندارد

بلکه سخن از جنبهٔ کیفیتی آن است. بالا رفتن از واقعیت مادی و فانی و رسیدن به واقعیت معنوی و روحانی در واقع صعود امیال انسان به سوی اصول نوع‌دوستی، عشق، محبت و بخشش طبیعت است. معنای احساس روحانیت، احساس وحدت و یگانگی است مانند پیوند اعضاء به یک پیکر که والاترین درجهٔ طبیعت را حس می‌کند.

هدف زندگی علاوه بر احساس واقعیت مادی، بالا رفتن و رسیدن به واقعیت روحانی است به این معنی که در حالی که در جسم مادی خود قرار داریم بتوانیم عالم روحانی را نیز احساس کنیم.

بر طبق برنامه طبیعت، بشریت در ابتدا فقط با توانایی درک سطح اول یعنی سطح تصوری و مادی آفریده شده و به این صورت طی هزاران سال پیشرفت کرده است. با گذشت زمان، اکنون بشریت تجربه کافی بدست آورده تا به این نتیجه برسد که زندگی در سطح خودخواهی به صورت طبیعی غیر ممکن است و به او سعادت و نیک‌بختی عطا نمی‌کند بلکه او باید به سوی زندگی اصلاح شده یعنی سطح دوم و حقیقی واقعیت پیش رود. بحران کلی و سراسری در گسترش صفت خودپرستی، ما را مقابل نقطهٔ عبور بین این دو سطح واقعیت قرار می‌دهد.

بنابراین باید به زمان کنونی مانند ایام خاصی بنگریم. این نقطه برگشت و پیشرفت ما، نقطه گذر به سوی زندگی کامل و جاودانی است که طبیعت از ابتدا آن را به عنوان اوج پیشرفت انسانیت تعیین کرده است.

در این جا باید این موضوع را روشن کرد که احساس لذتی که ما اکنون آرزومند آن هستیم با احساس لذت کسی که موفق به

کسب اصول و صفت نوع‌دوستی طبیعت می‌شود کاملاً متفاوت است. امروزه انسان فقط هنگامی که خود را چون شخصی یگانه، استثنایی و برتر از دیگران می‌بیند احساس لذت می‌کند. امیال خودخواهانه تنها با مقایسه با فقدان چیزی یا کمبود قبلی یا با مقایسه با دیگران پر می‌شوند.

این نوع لذات باید دائماً و بلافاصله تجدید شوند زیرا بطوری که در فصل دوم کتاب، «مرزهای لذت» بیان شده، در لحظه‌ای که آرزویی برآورده می‌شود لذت از آن کم شده و محو می‌شود. بنابراین لذت فقط برای مدت بسیار کوتاهی احساس می‌گردد و بس.

هنگامی‌که صفت خودپرستی به اوج می‌رسد انسان از شکست و سرخوردگی دیگران لذت برده و احساس خوشحالی می‌کند. در صورتی که لذت از طریق نوع‌دوستی کاملاً معکوس و متفاوت است. این لذت با «مقایسه» با دیگران احساس نمی‌شود بلکه در «درون» دیگران احساس می‌گردد. می‌توان این امر را به طرز رفتار مادر و فرزند تشبیه کنیم؛ مادر بخاطر عشق و محبت درونی به فرزندانش، از دیدن لذت آن‌ها از دریافت آن چه به آن‌ها می‌دهد، لذت می‌برد و شادی و لذت بیشتر فرزندان به مادر احساس سعادت و لذت بیشتر و بی‌نظیری می‌دهد. با اعطای بیشتر، میزان شادی و لذتش افزوده می‌شود با وجود آن که ارضاء میل فرزندان مستلزم تلاشی بی‌نهایت است.

البته به طور طبیعی این چنین رضامندی فقط به شرطی امکان‌پذیر است که بتوانیم دیگران را دوست داشته باشیم. در واقع معنای عشق یا دوست داشتن، آمادگی ما برای توجه و رسیدگی به بهبود وضع دیگران و مساعدت و خدمت به آن‌هاست. هنگامی‌که انسان بتواند درک کند که همگی قسمت‌های یک سیستم یا اعضای یک

پیکر هستیم، خدمت به دیگران را وظیفه طبیعی خود دانسته و قدرت بقا و پاداش خود را در آن می‌یابد.

بین این دو نوع لذت (مادی و معنوی) تفاوت عمیقی وجود دارد. انسانی که موفق به کسب اصول و صفات نوع‌دوستی می‌شود دارای «قلب دیگر» و «فهم دیگر» می‌شود. امیال و افکار او تغییر می‌کنند و به همین دلیل درک واقعیتش نیز با افراد دیگر تفاوت می‌کند. بخاطر رفتار نوع‌دوستانه‌اش با دیگران، انسان از احساس «تک سلول» خود رها شده و با «پیکر کلی» و مشترک تماس حاصل نموده و از او قدرت زندگی را دریافت می‌کند. او نیز همچنان به سیستم یگانه‌ای که همگی اعضای آن هستیم قدرت زندگی می‌بخشد و در نتیجه زندگی کامل و جاودانی جامع طبیعت و جریان انرژی و لذت بی‌پایانی را که این سیستم کلی را لبریز می‌کند احساس می‌کند.

در واقع حس زندگی از دو عامل تشکیل می‌شود: احساسات و خرد یا فهم. هنگامی که انسان خرد و احساسات طبیعت جاودانی را احساس و درک می‌کند، او به درون طبیعت نفوذ نموده و در آن زندگی می‌کند. چنین فردی دیگر زندگی‌ش را مانند پدیده‌ای موقتی که هر لحظه امکان به پایان رسیدن دارد احساس نمی‌کند. همبستگی و پیوند با طبیعت جاودانی باعث می‌شود که حتی هنگامی‌که او از جسم خود جدا می‌شود احساس حیات و زیستش به پایان نرسد.

معنی مرگ جسم، پایان یافتن وظایف سیستم درک واقعیت مادی است یعنی حواس پنجگانه اطلاعات را به مغز واگذار نمی‌کنند و مغز نیز تصویر جهان مادی را بر «پردهٔ سینما» که در پشت مغز وجود دارد نمی‌افکند. سیستم درک واقعیت روحانی به سطح

جهان مادی متعلق نیست و بنابراین کسی که موفق به کسب آن می‌شود حتی پس از مرگ جسم نیز به زندگی ادامه می‌دهد. اگر انسان بتواند قبل از مرگ خود هستی و وجودش را در سیستم روحانی احساس کند پس از مرگ نیز این احساس در او وجود خواهد داشت و در واقع در درون روح خود خواهد زیست.

تفاوت عظیم و بی‌حدی بین احساس زندگی کنونی و احساس زندگی که در روحانیت بدست می‌آید وجود دارد. کتاب زوهر برای وصف عظمت این تفاوت از مقایسه تابش نور شمعی کوچک در مقابل نور بی‌انتها یا ذرهٔ شن در برابر تمام افلاک جهان استفاده می‌کند. بدست آوردن زندگی روحانی استفاده از استعداد و پتانسیل نهانی ما به عنوان آدمی‌زاد است که حتماً هر یک از ما باید در حین زندگی در جهان مادی به آن برسیم.

بیداری

قبل از آن که این فصل کتاب را خاتمه دهیم برای درک بهتر این امر بیایید لحظه‌ای توقف کرده و تمرین ساده‌ای انجام دهیم. تصور کنیم که در فضای تاریکی قرار داریم. آن‌جا به قدری تاریک است که چیزی دیده نمی‌شود سکوت همه جا را فرا گرفته آن‌جا نه صدایی است، نه بویی، نه طعمی و حتی نه چیزی که بتوان آن را لمس کرد. ما در این فضای تاریک و خالی به این صورت برای مدتی طولانی می‌مانیم تا جایی که فراموش می‌کنیم که دارای حواس پنج‌گانه هستیم و در طول زمان حتی از یاد می‌بریم که این احساسات اصلاً وجود داشته‌اند.

ناگهان بوی ملایمی به مشام می‌رسد که به‌تدریج قوی‌تر شده و تمام فضا را پر می‌کند ولی مکان آن ناپیداست. هر بار بوهای دیگری احساس می‌شود بعضی از آن‌ها قوی و بعضی ملایم،

بعضی شیرین و بعضی زننده، بوسیله استفاده از آن‌ها اکنون می‌توانیم راه‌مان را در جهان بیابیم. هر بو از مکان دیگری به مشام می‌رسد و ما با پیگیری آن‌ها شروع به یافتن راه می‌کنیم.

و ناگهان صداهایی از هر سو به گوش می‌رسند. صوت‌های گوناگون و متفاوت که برخی به صورت نغمه موسیقی هستند و برخی مانند کلمات و برخی دیگر مانند شلوغی و سروصدا، با استفاده از این صداها می‌توانیم راه خود را در جهان به صورت آسان‌تری بیابیم. اکنون ما می‌توانیم فاصله و سمت‌های محیط را اندازه‌گیری کنیم و منشاء بوها و صوت‌ها را حدس بزنیم. اکنون ما در عالم صوت و بو قرار داریم.

پس از مدتی با برخورد چیزی به پوست حس تازه‌ای را کشف می‌کنیم اشیاء دیگری لمس می‌شوند که برخی سرد و برخی گرم، برخی خشک و برخی مرطوب، برخی نرم و ملایم و برخی خشن و سخت و برخی به صورتی که نمی‌توان در باره‌شان تصمیم قطعی گرفت. هنگامی که بعضی از آن‌ها با دهان‌مان برخورد می‌کنند ناگهان چیز عجیبی احساس می‌شود: طعم‌های گوناگون و مختلف. و به این صورت ما حس لامسه و چشایی را کشف می‌کنیم.

اکنون ما در جهانی که مملو از صوت‌ها، بوها و طعم‌هاست زندگی می‌کنیم. ما می‌توانیم اشیایی را که در جهان‌مان وجود دارند لمس کنیم و با اطراف محیط آشنا شویم. آیا هنگامی‌که این حواس را نداشتیم می‌توانستیم حتی تصور کنیم که چنین دنیای باشکوهی همیشه در اطراف‌مان وجود داشته است؟

آیا کسی که نابینا به دنیا می‌آید و در جهان بی‌رنگ و شکل خود

زندگی می‌کند می‌تواند تصور کند که در خــارج از او رنگ‌ها و صورت‌های مختلف و گوناگون به صورتی که ما می‌بینیم وجود دارد و اگر ما به جای آن‌ها بودیم می‌توانســتیم کمبود واقعی این حس را درک کنیم؟ پاسخ این سؤال‌ها منفی است.

به همین دلیل نیــز می‌توان گفت که ما کمبود حس روحانی یعنی روح برتر را احســاس نمی‌کنیــم. ما بدون آگاهــی از وجود بُعد روحانی، در جهان مادی زندگی می‌کنیم و کمبود آن را احســاس نکرده و به زیســت فعلی اکتفا می‌کنیم. روزها، سال‌ها و نسل‌ها می‌گذرند، ما به دنیــا می‌آییم، گاهی لذت می‌بریم و گاهی رنج و عــذاب، و در عاقبت جهــان را وداع می‌گوییم و در طول تمام این زمان حتی احساس نمی‌کنیم که بُعد دیگر زندگی وجود دارد که زندگی روحانی است.

اگر احساس پوچی، بی‌علاقگی و بی‌معنایی ناگهان در درون‌مان پدیدار نمی‌شــد، شــاید این وضعیت دائماً ادامه داشــت. اکنون بــرآوردن تمام امیال و رسیدن به تمام خواســته‌های‌مان دیگر ما را راضی نمی‌کند زیرا احســاس می‌کنیم کــه به هرحال چیز بخصوصی را کم داریم. آن‌چه را که دنیای آشنا و کنونی عرضه می‌کند برای‌مان به تدریج نارضایت‌بخش شده و باعث افسردگی و غمگینی می‌شود. بنابراین برای گریختن از این وضعیت ترجیح می‌دهیم که این کمبود را در درون‌مان ندیده گرفته و با قانع خود می‌گوییــم: «آیا چاره دیگری داریم؟ همــه به این صورت زندگی می‌کنند! دنیا همین است که هست».

این احساســات در واقع از بیدار شــدن میل جدیدی سرچشــمه می‌گیرند: میل لذت از چیزی برتر و والاتر از هر چه که در اطراف‌مان وجود دارد که منبع آن برای‌مان ناآشناست. اگر بخواهیم نیازی را

که اکنون در درون‌مان بیدار شــده درک کرده و به انجام برسانیم پی خواهیم برد که این نیاز به چیزی اســت که ماوراء این جهان است.

بیدار شدن این نیاز روحانی در قلب‌های اکثریت و هم‌چنان گسترش احساس پوچی در زندگی کنونی در واقع مراحلی طبیعی هستند که از ابتدا در برنامه طبیعت تعیین شــده؛ این نیاز در درون ما باعث می‌شود که احساس کنیم که در ماوراء آن‌چه می‌شناسیم دنیای ناشناخته‌ای اســت و ما را کنجکاوانه به جستجوی آن می‌کشد. اگــر به این نیــاز درونی اجازه دهیم که مــا را رهبری کرده و به ندای قلب‌مان گوش دهیم، برای آشــنایی با واقعیت حقیقی بیدار می‌شویم و به عبارتی دیگر به دنیای حقیقت چشم می‌گشاییم.

توازن و هماهنگی با طبیعت

این فصل کتاب را به نکته‌ای اختصاص می‌دهیم که با وجود آن‌که قدری بی‌اهمیت به نظر می‌رسد لیکن بحث در باره آن، بسیاری از نکاتی که در این قسمت کتاب آورده شده را برای‌مان روشن‌تر می‌کند.

در این ایام که هر فرد و هر جامعه با دشواری‌های فراوانی روبرو هستند، پدیده «بازگشت به طبیعت» شیوع یافته و طرف‌داران بسیاری پیدا کرده است. بعضی آن را به عنوان مسیر تغییر جهت شناخته و امیدوارند که بدین‌وسیله در آینده، زندگی بهتری داشته باشند. ولی سئوال این است که آیا بین بازگشت به طبیعت و توازن با طبیعت رابطه‌ای وجود دارد؟ آیا بازگشتن به طبیعت برای رسیدن به توازن و هماهنگی با طبیعت به ما کمک خواهد کرد؟ این فصل برای پاسخ به این سئوال و پرسش‌های دیگر متمرکز گشته شده است.

ایدهٔ «بازگشت به طبیعت»، زندگانی متوازن با طبیعت است به همان طریقی که نسل‌های کهن با هماهنگی و پیوستگی با طبیعت

زندگی می‌کردند. کسانی که از ایده بازگشت به طبیعت پشتیبانی می‌کنند، در پی هوای پاک و استفاده از محصولات ارگانیک یا طبیعی بوده و حتی برخی از آن‌ها شهر را ترک کرده و زندگی در دهکده را ترجیح می‌دهند. این پدیده دارای جنبه‌های فراوانی است که همگی متمرکز به آن می‌شوند که اگر بشر به طبیعت نزدیک‌تر شود به توازن بیشتر رسیده و وضعیت زندگیش بهبود می‌یابد و احساس بهتری خواهد داشت.

اگر طریق زندگی قبیله‌های کهن را بررسی کنیم پی خواهیم برد که تا جایی که انسان به طبیعت و ریشه‌هایش نزدیک‌تر بود به آسانی قدرت دوستی، عشق و محبت طبیعت را احساس می‌کرد. در این جا باید به این نکته اشاره کنم که در کنگره «شورای حکمای جهانی» (World Wisdom Council) که در ژانویه ۲۰۰۶ در شهر آروسا در کشور سوئیس برقرار شد با خانم جین گودال مؤلف کتاب «در میان شامپانزه‌ها» که زندگیش را وقف پژوهش درباره شامپانزه‌ها نموده و سال‌های طولانی بین آن‌ها زندگی کرده گفتگو کردم. خانم گودال به جهت تحقیقات خود و اطلاعات مهمی که فاش نموده جوایز بی‌شمار و تقدیرهای بین‌المللی دریافت کرده است. در پاسخ این سوال که کدام یک از اکتشافات ایشان وی را بیشتر تحت‌تأثیر قرار داده است، ایشان اظهار کردند که پس از سال‌های طولانی زندگی در طبیعت به این نتیجه رسیدند که قدرت درونی طبیعت قدرت عشق و محبت است.

ایشان سخنان خویش را این چنین ادامه می‌دهند: «پس از مدتی شروع به احساس طبیعت و شنیدن صدای واقعی آن کردم. احساس عشق و محبت. حس کردم که قدرت بدی در دنیا وجود ندارد بلکه فقط افکار در باره عشق و محبت و دوست داشتن وجود دارد». پس از سال‌های طولانی زندگی در جنگل‌ها و ارتباط با

شامپانزه‌ها خانم گودال شروع به درک احساسات آن‌ها نموده و فاش کردند که تا چه اندازه آن‌ها می‌توانند طبیعت را درک کرده و در درون عشق و محبتی که در آن است زندگی کنند.

البته این تجربه بسیار زیبا و هیجان‌انگیز است ولی این نوع توازنی نیست که در این کتاب به آن اشاره شده زیرا والاترین احساسی که بازگشت به طبیعت می‌تواند به انسان دوره کنونی اهدا کند، احساس موقتی و ناکامل قدرت عشقی است که در طبیعت وجود دارد و این قسمت کوچکی است از آن‌چه که هر جاندار می‌تواند احساس کند. لیکن برنامه‌ای که طبیعت برای تکامل انسان طرح نموده بسیار والاتر از این است.

بدون دلیل طبیعت ما را وادار به خارج شدن از غارها و جنگل‌ها و گسترش جامعه بشری و سیستم‌های گوناگون آن ننموده است. اکنون که احساس بیگانگی قلب جامعه بشری را پر کرده، اکنون که ما به سختی می‌توانیم وجود دیگران را تحمل کنیم، زمانی است که باید توازنی بین خود و دیگران ایجاد کنیم و قانون عشق و بخشش را اجرا نماییم. ما باید از صفت خودخواهی خود مانند اهرمی برای رسیدن به درجه بالاتر استفاده کنیم. بازگشت به طبیعت می‌تواند تجربهٔ بسیار جالب و شگفت‌انگیزی باشد ولی هرگز نخواهد توانست برای حل و ریشه‌کن کردن مشکلاتی که از آن‌ها رنج می‌بریم کمکی به ما کند. مشکلاتی که از ناهماهنگی در درجه بشریت سرچشمه گرفته‌اند.

بسیاری از اوقات مردم بازگشت به طبیعت را به روش‌های باستانی مانند یوگا، تای‌چی و انواع گوناگون مدیتیشن و غیره ارتباط می‌دهند. در این جا لازم به تذکر است که باوجودی که این روش‌ها به انسان آرامش و صفا می‌بخشند ولی قادر به نزدیک

کردن ما برای شناختن و انجام هدف طبیعت نیستند زیرا آن‌ها براساس باطل کردن صفت خودخواهی یا فرونشاندن آن بنا شده‌اند. چنین عملی صفت انسان را از درجه متکلم به درجه‌های پایین‌تر یعنی درجه جاندار، گیاه و جامد یا بی‌جان پایین آورد و انسان را به عقب می‌کشانند. بنابراین این روش‌ها با جهتی که طبیعت ما را به سوی آن هدایت می‌کند یعنی ترفیع دادن انسان به والاترین درجه، درجه «متکلم اصلاح شده» متضاد هستند.

طبیعت به ما امکان کاستن صفت خودپرستی را نمی‌دهد. به طوری که اکنون ما آشکارا می‌بینیم حتی کشورهای چین و هندوستان که تاکنون موفق به زندگی با پایین‌ترین سطح صفت خودخواهی بوده‌اند و به آن‌چه داشتند قانع بودند، اخیراً با بروز و طغیان صفت خودخواهی، آن‌ها نیز برای کسب ثروت و قدرت قدم‌های سریعی برداشته و فاصله و شکاف عمیقی را که در عرض نسل‌ها بین آن‌ها و کشورهای پیشرفته وجود داشت به سرعت کاهش می‌دهند.

بالاترین درجه صفت خودخواهی که اکنون تمام دنیا را فرا گرفته درجه متکلم است و ما برای مبارزه با آن احتیاج به کشف روش کاملاً متفاوتی داریم، روشی که جهت و قصد آن کاملاً متفاوت با جهت کاستن سطح خودپرستی است. حکمت کبالا روشی است که با استفاده از تمام قدرت این صفت، نحوه و روش بهره‌برداری از آن را اصلاح می‌کند. دلیل ظاهر شدن حکمت کبالا در زمان کنونی کمک به بشریت برای شناختن هدف طبیعت است که با انجام آن به سطح جدید حیات صعود کنیم.

توازن در درجهٔ متکلم

به منظور توضیح دقیق‌تر، توازنی را که بر اساس کاهش صفت

خودخواهی از درجه متکلم به درجات پایین‌تر یعنی درجه جاندار، گیاه و جامد یا بی‌جان متکی است «توازن در درجهٔ جاندار» می‌نامیم. کاهش صفت خودخواهی، درجه متکلم را به درجه‌های پایین‌تر می‌کشاند این صفت را نباید کاهش داد بلکه اصلاح کرد به طوری که در بالاترین سطح اصلاح شده آن، بیشترین لذت را دارا شویم.

تفاوت بین توازن در درجهٔ جاندار و توازن در درجهٔ متکلم در سطحی است که قدرت عشق و محبت طبیعت احساس می‌شود. برای رسیدن به برابری و توازن با طبیعت در درجه متکلم، ما باید با بررسی شخصی خود پی ببریم که به چه سمتی کشیده می‌شویم و ما و کلیه بشریت در چه مرحلهٔ گسترش قرار داریم، این مرحله از کجا آغاز شده و در کجا خاتمه می‌یابد و هدف آن چیست. بدون این چنین بررسی شخصی، که انسان هر یک از مراحل پیشرفت را تحت تجربه قرار می‌دهد، رسیدن به درک افکار و منطق طبیعت غیرممکن است.

این نوع بررسی، انسان را به توازن با طبیعت در درجه متکلم رهنمون کرده و او را به درجه «متکلم اصلاح شده» بالا می‌برد. در این سطح، انسان از قید و بند محدودیت زمان، مکان، حرکت و فاصله رها شده و جریان کامل واقعیت را احساس می‌کند.

شروع و پایان این مرحله به یکدیگر می‌پیوندند و یک واحد کامل می‌شوند. انسان احساس می‌کند چگونه تمام مراحلی که به تدریج در درونش ظاهر می‌شوند فقط به این منظور است که بتواند ببیند و درک کند تا چه حد تمام آن‌ها با هماهنگی شگفت‌انگیزی به یکدیگر وابسته بوده و چگونه همه بر یکدیگر اثر گذاشته و تحت تأثیر یکدیگر قرار دارند. به این صورت انسان دایره ترقی را کامل

کــرده و دیگر ابتدا یا انتها در زمان، مکان و مراحل وجود نخواهد داشت، انسان درک می‌کند که از قبل تمام آن‌ها در برنامه طبیعت وجود داشته‌اند.

بدســت آوردن و درک منطق و افکار طبیعت، انســان را به سوی وجـــود در بُعد متعالی هدایت نموده و بـــه او کمال، ابدیت و لذت بی‌انتها عطا می‌کند. دنیای انســان در جایی که جســم او وجود دارد نیست بلکه در جایی که «نهاد» اوست قرار دارد. بنابراین اگر انســان واقعیت دیگری را که واقعیت جاودانی و والاست به طور کامل درک کند، او در واقع در درون این واقعیت خواهد زیست.

بدست آوردن منطق و افکار طبیعت فقط با احساس راحتی به اتمام نمی‌رسد بلکه انسان دارای حس دیگری شده و به این وسیله مانند خـــود طبیعت، جاودانی و کامل می‌شـــود. فقط در چنین موقعیت یعنی با رســیدن به درجه متکلم اصلاح شده می‌توان واقعاً درک کرد که چرا افرادی که قدرت طبیعت را بدســت آورده‌اند آن را به نام «نیک و نیکوکار» می‌خوانند.

البته انسانی که صفت خودخواهی خود را از درجه متکلم به درجه جاندار پایین می‌آورد نیز می‌تواند نیکی طبیعت را احســاس کند، لیکن این احساس فقط در درجه جاندار خواهد بود و به همین دلیل با آن‌که انســان از نظر جســمی و روانی احساس راحتی خواهد کرد ولی این احســاس پایدار نبوده و پــس از مدت کوتاهی محو می‌شـــود. زیرا صفت خودخواهی در هر لحظه بزرگ‌تر شـــده و با تبادل بین انسان و جانداران دیگر به او اجازه اکتفا به این موقعیت را برای مدت طولانی نخواهد داد.

به عبارت دیگر می‌توان گفت که در حالی که درجه جاندار «نیک و

«نیکوکار» را به صورت یک موقعیت احساس می‌کند برای درجه متکلم اصلاح شده فرایندی بی‌پایان است. تفاوت بین این دو درجه مانند تفاوت بین شخصی که با قطع کامل افکارش فقط برای لذت مادی و جسمی خود اهمیت قائل می‌شود در حالی‌که دیگری با استفاده از منطق و افکار خود، زندگی را از آغاز تا پایان می‌سنجد. انسانی که در فکر زندگی است دائماً با سطح و بُعد دیگر طبیعت در تماس است.

کسی که به احساس «نیک و نیکوکار» در درجه متکلم اصلاح شده می‌رسد، علاوه بر احساس زندگی راحت و آرام، با واقعیت والاتر، جریان اطلاعات و مراحل آن در تماس دائمی است. او از احساس کمال طبیعت جاودانی لذت برده و از تمام محدودیت‌های زندگی رها می‌شود. چنین فردی هویت «نهاد» خود را به جسم ارتباط نمی‌دهد. افکار او به سطح‌های مافوق واقعیتی که به وسیله حواس پنج‌گانه مادی درک می‌شوند صعود کرده و با افکار طبیعت و میدان وسیع اطلاعات کلی و جاودانی تماس حاصل می‌کند. بنابراین هنگامی که زندگی در جسم مادی به پایان می‌رسد او هرگز احساس نخواهد کرد با جدا شدن از جسم، زندگی «نهاد» نیز به خاتمه می‌رسد.

خلاصه می‌توان گفت، «بازگشت به طبیعت» به صورت مادی هیچ رابطه‌ای با مراحل روحانی برای رسیدن به توازن با آن را ندارد، بالعکس حتی ممکن است که افکار و توجه ما را از نیاز به جستجوی توازن در درجه متکلم منحرف کند.

حکمت کبالا که تعدادی از قواعد اساسی آن در این قسمت کتاب عرضه شده، کلیه مراحل پیشرفت و تکاملی را که تاکنون پشت سر گذاشته‌ایم و آن‌هایی را که باید برای رسیدن به هدف طبیعت طی

کنیم تشریح می‌کند. این حکمت به ما توضیح می‌دهد که اکنون ما در آستانه تغییرات شگفت‌انگیزی در سطح آگاهی انسان هستیم. در این که بشریت موفق به انجام برنامه طبیعت خواهد شد تردیدی نیست. تنها سوال این است: «چگونه و با چه سرعتی!»؟

I0369914

www.ingramcontent.com/pod-product-compliance
Lightning Source LLC
Chambersburg PA
CBHW070944080526
44587CB00015B/2223
9781772281217